T0244072

ESTHER VARAS DOVAL

Cómo afrontar una pérdida

*Una ventana
para superar el dolor*

Editorial Arcopress • Desarrollo personal
Edición: Ana Belén Valverde Elices
Maquetación: Regina G. Cribeiro
Diseño cubierta: Teresa Sánchez-Ocaña

Síguenos en @AlmuzaraLibros

Imprime: Kadmos
ISBN: 978-84-18648-08-3
Depósito Legal: CO-1376-2021
Hecho e impreso en España - *Made and printed in Spain*

Índice

Gracias,
mi amor, por inspirarme
y acompañarme a cumplir mis sueños.

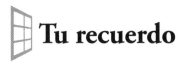 Tu recuerdo

Siete años ya, con sus días y sus noches. Parece mentira. Cuando eres niña escuchas a los mayores hablar del tiempo, de lo lento que pasa a veces y lo rápido que se va en otras ocasiones. A mí me daba un poco igual porque estaba centrada en mi presente ya que el pasado y el futuro no existían, y así es como debería ser pero no lo es.

Algo cambia al compás de ese tiempo que dicen, aunque no somos conscientes. De pronto un día te levantas y tienes la sensación de que todo ha pasado muy rápido. El tiempo acompañado de mis años ha volado y, sin embargo, cuando estoy en mi trabajo, a veces me da la sensación de que se ha parado gastándome una broma de mal gusto, pues se hace interminable en una situación que deseo pase rauda y veloz.

Siete años ya desde que te fuiste y el tiempo imparable avanza como un río que parece tener prisa por dejar atrás el ayer. El ayer con tus recuerdos, mis recuerdos, antes de tu compañía, hoy de tu ausencia. Yo sigo mi día a día, madrugando, trabajando, comiendo, amando y sintiendo tu falta, que mitigo practicando lo que aprendí a tu lado.

El tiempo me trae de la mano el dolor de tu marcha, el suspiro de tu recuerdo, de tu protección y de tu apoyo. Aunque en mi mente parece disiparse, en mi corazón permanece agarrado con fuerza.

Siete años ya desde que emprendiste tu viaje sin retorno, Abueli… y todavía permaneces en mi corazón.

 Prólogo

Desde que escribo sobre el bienestar personal basándome en la experiencia que me proporcionan las consultas de psicoterapia he comprobado que determinados temas nos tocan especialmente en el corazón. Al mismo tiempo que busco información para ayudar a mis pacientes me planteo si también busco ayuda para entender y comprender el comportamiento humano, lo que nos lleva a morir de amor, a violentar al prójimo o a nosotros mismos, a vengarnos, a no respetar las normas y, en el menor de los casos, a aplaudir a quien las respeta.

Un factor común en todos estos comportamientos es la gestión de los sentimientos y las emociones, que parece ser la asignatura pendiente del ser humano. ¿Vivimos o sobrevivimos? Creo que simplemente hacemos lo que podemos. No nos han enseñado a manejar las emociones de modo lógico y casi nunca se han tenido en cuenta como factor movilizador de esa persona que puede influir en nuestra vida. Lo que recuerdo es la experiencia que me han transmitido mis mayores de sus «golpes a lo largo de su vida» y cómo han tenido que aprender a «salir adelante» solos. Parece que ellos aprendían de las experiencias, pero ¿y nosotros?

Hace relativamente pocos años se empezó a hablar del mundo de las emociones y cómo gestionarlas. A algunos expertos les parece algo magnífico y práctico y a otros les resulta banal o un tema calificado de «muy personal». A veces es un asunto del que no se habla pues las personas sienten que han salido adelante por sí mismas y no es necesario recibir ningún tipo de ayuda. Lo curioso es que se ha demostrado que desde que nacemos ya tenemos dos emociones o pulsiones principales que nombra Freud: la risa y el llanto. Estas emociones son los pilares básicos para el desarrollo del resto de sentimientos. Poco a poco, y con la torpeza que nos da la infancia, comenzamos a desarrollar las emociones que se nos permiten pues muchas de ellas son sancionadas por el entorno y otras limitadas o reprimidas, con toda su buena intención, por nuestros mayores, fruto de las creencias de su castrante educación. Por tanto, este aprendizaje va formando nuestras propias creencias uniendo lo que percibimos del exterior y tamizándolo después en el filtro de nuestra percepción, que, como respuesta, nos hace sentir unas emociones que nos llevan directamente a manifestar un comportamiento, siendo este adaptativo para la situación que estamos viviendo.

Como niños que somos observamos la reacción de nuestros mayores, y si vemos que ha sido la reacción esperada, que están contentos y percibimos que nos aceptan, tendemos a repetir este acto una y otra vez transformándolo en un hábito, en un comportamiento aprendido que nos acompañará el tiempo que queramos. Si somos personas afortunadas, un día nos damos cuenta de que esa misma actuación ya no se adapta a la aceptación que buscamos. A partir de ahí nos planteamos si, en general, las creencias con las que crecimos heredadas de los mayores se pueden cambiar o si, por el contrario, estamos condenados a repetir una y otra vez lo mismo como en el mito de Sísifo, obligado a cumplir su castigo en el inframundo al empujar por una montaña cuesta arriba una piedra que, antes de llegar a la cima, vuelve a rodar hacia abajo, repitiéndose una y otra vez el frustrante y absurdo proceso. Si optamos por la posibilidad de modificar las creencias, también nos plantearemos que las emociones provocadas por ellas se pueden gestionar a pesar de que nadie nos dijo cómo.

Cuando somos conscientes de este descubrimiento, nos volvemos un poco extremistas, pues unos alentamos lo racional y otros lo pasional. ¿Dónde nos lleva todo esto? Sinceramente, a hacernos un lío tremendo entre lo que nos dice la cabeza y lo que sentimos en el corazón.

He llegado a la conclusión de que la cabeza y el corazón han de ir en la misma dirección, aceptando las emociones fruto de los pensamientos que tenemos. Por ello es importante saber identificar y generar los pensamientos que me hacen sentir bien y mal, así como saber gestionar las emociones consecuencia de las situaciones que experimentamos en el día a día, a veces sentimientos desagradables o traumáticos. Pero para conseguirlo es fundamental ser resiliente y adaptarnos a las circunstancias de cada momento, aprendiendo métodos para identificar, aceptar y gestionar las emociones, pues en la vida vamos a tener alegrías, sufrimientos, aprendizajes, pérdidas y muertes, aunque reconozco que en Occidente no sabemos convivir con la pérdida y tenemos miedo, mucho miedo a la muerte.

En este libro quiero darte herramientas para hacer frente a esos pensamientos y sentimientos tan molestos, insolentes y desadaptados que aparecen cuando se produce una pérdida, la cual como ya has experimentado, puede ser de muchos tipos: pérdida de la salud, de la libertad, de la juventud, del amor, de la posición socioeconómica y la más temida, odiada y desconocida pero aliviadora, la muerte. ¿Cuáles son esos métodos? Están la imaginación, la visualización, la reflexión sobre las creencias, los valores, la identificación de los pensamientos dañinos, la relajación y algunos más que irás encontrando si continúas leyendo. Estas herramientas están escritas para que las practiques, así te ayudarán a adaptarte a cualquier situación ya sea buena o menos buena. En cualquier caso estoy segura de que tu vida cobrará sentido desde un objetivo diferente, obtendrás una meta que te proporcionará mayor sensación de seguridad y podrás tener calidad de vida y disfrutar de cierta plenitud en tiempo de pérdidas.

Te voy a contar un secreto, las herramientas que vas a descubrir las he aplicado en los duelos de mis pacientes y en mis propios duelos. Algunas de ellas no nos han ayudado como esperábamos, pero con el paso del tiempo he visto que han cambiado algo o han influido en nuestras vidas. En el otro extremo, el resultado que he obtenido con otras técnicas ha sido increíble, doloroso pero liberador. No te quiero engañar, no ha sido fácil ni rápido, no hablamos de píldoras de la felicidad. Es un trabajo duro, constante y doloroso pero finalmente satisfactorio. Siento que todavía tengo que superar algunos recuerdos que me hacen romper a llorar, pero no voy a tirar la toalla. ¿Y tú? ¿Vas a renunciar a disfrutar tu presente?

Recuerda que donde no llega la memoria, llegan los sentimientos.

El duelo siempre está ahí

Sinceramente no sé cómo era la vida antes de mi nacimiento porque no estaba allí, al menos de forma consciente, pero he leído que en épocas anteriores, cuando el hombre vivía pestes, guerras, hambrunas y su media de vida era un tercio de la actual, las pérdidas y la muerte eran algo habitual. Incluso en los géneros literarios se habla del arte de morir. Los intelectuales utilizaban la razón, la inteligencia y el ingenio para desentrañar los mismos misterios que abarcan este episodio de la vida. Con el tiempo apareció la fuerza de la espiritualidad, creencias tan fuertes que nos guían con efectos cambiantes para bien o para mal y que a veces *tapan la boca* a la mismísima razón.

Pasan los años con defensores y detractores de la importancia de la espiritualidad en la vida del ser humano. Carl Gustav Jung señaló que las perturbaciones psíquicas del hombre tienen su origen en el desconocimiento de los psiquiatras de sus necesidades espirituales. Stanislav Grof, uno de los fundadores del movimiento transpersonal, añade que gracias a la muerte se derrumba la concepción materialista y se abre una puerta a la espiritualidad. Posteriormente aparecieron el movimiento *hippy* y científicos como Jaques Berguier y Fritjof Capra, que apuntan a la importancia de la espiritualidad y al concepto de que el hombre es algo más que materia física.

La palabra dolor procede del inglés «*pain*», y esta a su vez del griego «*poiné*» que significa castigo y expiación. El duelo es una de las experiencias humanas más intensas y es primordial encontrarle sentido puesto que solo puede hacerse a través de la mente y el espíritu. Cuando de alguna forma hemos realizado la tarea que hemos venido a hacer en la Tierra, se nos permite abandonar el cuerpo que aprisiona nuestra alma de la misma forma que el capullo de seda deja salir a la futura mariposa. Llegado el momento podremos marcharnos y vernos libres del dolor, de los temores y preocupaciones, libres y aliviados regresando a nuestro hogar y a Dios. O no.

Sin embargo, el dolor y su tolerancia se ve influenciado por la cultura en la que nos hayamos educado. No nos adaptamos igual en Occidente que en Oriente. En el hinduismo se cree que la vida es algo pasajero que sucede durante nuestro viaje hacia el alma inmortal, y para superarlo se centran en el espíritu, que creen invulnerable al dolor. En Italia o España se busca consuelo en amigos y familiares. Los nepalíes superan su dolor considerando que es el camino hacia la espiritualidad. Los judíos, en cambio, poseen una alta tolerancia al dolor que parece ser debida a su condicionamiento social a lo largo de la historia, que les mostró cómo buscar resistencia al sufrimiento. En el cristianismo el dolor puede ser castigo pero también una oportunidad para la redención. Si se adopta una actitud negativa, esta ayuda a incrementar la percepción del dolor.

Desde el punto de vista terapéutico es muy importante mantener una actitud que conlleve una labor de aceptación y búsqueda de dar sentido a lo que nos ha sucedido, ya que estas actitudes sirven para recuperarse más rápida y completamente. La proximidad de la muerte es una de las experiencias más grandiosas de la vida. En esos momentos uno puede quedarse en la negatividad y buscar a quién o a qué culpar o puede elegir sanar y continuar viviendo. Si has tenido pérdidas más o menos recientes y te paras a reflexionar y a analizar el duelo conmigo, podrás convertirlo en una experiencia integral que se puede estructurar. Se clasifica en seis niveles: psicológico, emotivo, mental, social, físico y espiritual.

La vida y el duelo ☞

La pérdida de un ser querido o la proximidad de la propia muerte o de cualquier pérdida ponen en marcha la expresión de emociones básicas como el miedo, la rabia o la tristeza. Estas pueden percibirse como culpa, irritabilidad o retraimiento. Aprende a identificarlas, comunicarlas, expresarlas y encauzarlas, pues son tareas que todas las personas implicadas se ven obligadas a afrontar. Sé que es doloroso, que a veces da pereza, otras veces nos preguntamos no solo el porqué, sino para qué, pues solo percibimos oscuridad y dolor. Estas acciones no son diferentes en los menores, a los que a veces tratamos con demasiada condescendencia y no les damos una explicación clara de lo que ha sucedido, quitándoles así la oportunidad de expresar sus sentimientos y pensamientos respecto a esa situación.

Sin embargo, podemos aprovechar el dolor que nos permite penetrar en nuestro ser más profundo y conectar con nuestra capacidad de compasión para cambiar nuestro punto de referencia y darle un sentido, aplacando la intensidad del mismo. En definitiva, el duelo es un trabajo, un proceso psicológico de transformación interior para recuperar el equilibrio emocional. Elaborarlo significa ponerse en contacto con el vacío que ha dejado la pérdida de lo que no está, valorar su importancia y soportar el sufrimiento y la frustración que comporta su ausencia. Las emociones y sentimientos que se producen como consecuencia de la pérdida de un ser querido son muy similares a las emociones y sentimientos que podemos tener ante una pérdida consecuencia de un divorcio o de una relación laboral. Es por ello que, generalmente, los sentimos igual, dependiendo de la situación y el apego que el doliente tenga respecto a lo perdido.

A lo largo de la vida atravesamos ciclos de duelo: «pérdidas continuas», como señala Arnaldo Pangrazzi en su decálogo de pérdidas:

1. Nacimiento: primera y más dolorosa separación.
2. Pérdida que conlleva el propio crecimiento.
3. Pérdida de la propia cultura: emigrar.
4. Pérdida de los bienes materiales: robo, desastres naturales, etc.
5. Pérdida de vínculos afectivos: divorcio, amistad, etc.
6. La pérdida de la identidad personal (fracaso profesional, rechazos afectivos, falta de autoestima, etc.)
7. Pérdida de bienes humanos y espirituales: actos terroristas, secuestro, violencias.
8. Pérdida de la salud: enfermedad, accidente, envejecimiento.
9. Pérdida de lo que no se tuvo pero se ha soñado y deseado: estudios, hijo no nacido.
10. Pérdida más temida: muerte.

Como ves, desde que nacemos hasta que nos llega la hora estamos viviendo pérdidas continuas. A veces les damos importancia y nos afectan y otras parece que pasan de puntillas por nuestra vida, afectándonos en menor medida. Vamos a concluir este capítulo haciendo una reflexión sobre las pérdidas que nos han afectado en nuestra vida.

Ahora vamos a verlo. ¿Tienes preparado tu cuaderno de trabajo? Haz memoria y escribe tus sentimientos, emociones y pensamientos de pérdidas sufridas relacionadas con:

- Fallecimiento, ya sea este por causas naturales o traumáticas.
- Vitales (menopausia, nido vacío, jubilación).
- Materiales (despidos, desahucios, fracaso empresarial).
- Sentimentales (rupturas de pareja, relaciones familiares, amistades).

No guardes el cuaderno. Vamos a seguir añadiendo más información a medida que avancemos en la lectura. Hay más cosas que has de tener en cuenta. Hemos dicho que el duelo es un proceso y que somatizamos esas emociones en el cuerpo. Algunas de las sensaciones corporales que se experimentan en el duelo son:

náuseas	palpitaciones
opresión en la garganta	dolor en la nuca
nudo en el estómago	dolor de cabeza
pérdida de apetito	insomnio
fatiga	sensación de falta de aire
punzadas en el pecho	pérdida de fuerza
dolor de espalda	temblores
hipersensibilidad al ruido	oleadas de calor
visión borrosa	dificultad para tragar

Y algunas de las conductas más habituales después de una pérdida importante:

llorar	suspirar
buscar y llamar al ser querido que no está	querer estar solo, evitar a la gente
dormir poco o en exceso	distracciones, olvidos, falta de concentración
soñar o tener pesadillas	falta de interés por el sexo
hiperactividad o apatía	episodios de irritabilidad

¿Has reconocido alguna de estas conductas? Si es así, perfecto, pronto vas a saber cómo aliviar el dolor. Si la respuesta es no, tranquilo, sigue leyendo y seguro que algo de lo que leas te va a ayudar a recordar, a revivir y te voy a decir cómo lo puedes superar.

Vivir en tiempo de negación

«Estamos haciendo una reestructuración de plantilla, y tenemos que prescindir de tus servicios. Es duro, pero lo siento»; «Hemos hecho lo que hemos podido, lo siento»; «No eres tú soy yo, te mereces algo mejor»; «Lo siento, pero tu enfermedad no tiene tratamiento»; «Oye, cualquiera diría que ya tienes cincuenta y cuatro años, te conservas muy bien». ¿Te ha pasado a ti también? Al vivir estas u otras situaciones de pérdida puede que las hayas llevado más o menos bien, sin embargo permíteme que te acompañe por los diferentes sentimientos y emociones que surgen en los *tiempos* o etapas que se dan en las pérdidas para que aprendas a gestionarlas y a superarlas.

Soy consciente de que vivimos desde nuestro nacimiento en constante tiempo de pérdidas. Aun así a veces no sabemos gestionarlas o no queremos superarlas por diversas razones, seguro que cada uno tiene la suya, y yo lo respeto. Te invito a que reflexiones si esa elección te hace sentir bien y te permite seguir con tu vida o, por el contrario, ya estás empezando a somatizar esa culpa, esa ira o una profunda tristeza.

Por supuesto que cada uno vivimos nuestras pérdidas de forma muy personal, y no siempre se empieza por la primera etapa: la conmoción y negación. Cuando alguien llega a mi consulta puede estar en cualquier etapa que podemos leer en los libros, pero para mí lo importante es saber qué es lo que siente, cómo lo siente, y si la persona lo manifiesta o no. ¿Qué puedo hacer para ayudar? Empiezo a investigar, a identificar pensamientos, sentimientos, conductas, a intentar comprender y a aceptar sus sentimientos acompañándolo.

Es importante señalar que, a pesar de las diferencias individuales influidas por variables: tipo de personalidad, género, edad, estadio del desarrollo, temperamento, personalidad —y en caso de pérdidas por fallecimiento: la relación con la persona fallecida, circunstancia y causa de la muerte, experiencias previas de muerte de seres queridos, estilos familiares de comunicación y afrontamiento, reestructuración afectiva y material de la familia, relaciones con otros familiares o amigos—, todos los duelos coinciden en una serie de puntos en común aunque se vivan con más o menos intensidad:

- Sensación, en un primer momento, de aturdimiento, incredulidad o negación en el que la persona puede llegar a poner en duda o no aceptar la triste realidad.
- Estancamiento en una serie de estadios intermedios (una, dos o tres fases según autores) en los que hay desorganización, desesperanza, depresión y sentimientos de cólera, ira generalizada dirigida contra los que se considera responsables de la muerte o en algunos casos incluso contra uno mismo.
- Por último la etapa final, en la que aparecen la reorganización y la aceptación de la pérdida.

En este libro vas a ver los sentimientos que afloran en cada etapa o momento del proceso del duelo, y te voy a proponer las herramientas para aliviarlos y disminuir su intensidad.

Mitos

Tengo que decirte algo sobre el duelo y sus mitos pues he comprobado que hay personas temerosas o muy supersticiosas que piensan que hablar de la muerte trae mala suerte. Te dejo una lista de axiomas para que reflexiones y tomes tus propias conclusiones:

- Hablar de la muerte no la precipita.
- Hablar de la muerte no es morirse. Debemos romper los muros del silencio respecto a la muerte y hablar y hablar. Hablar de la muerte nos prepara para vivir mejor esa experiencia, ya que nos aproxima a los hechos y eso nos permite experimentarlos antes de que sucedan. Las palabras de dolor compartidas abren nuestros corazones y los unen, entonces nuestro duelo duele menos.
- El tiempo lo cura todo. Esta parte no es del todo correcta. Un duelo no se cura solo con el tiempo y depende de lo que tú hagas con ese tiempo.
- Expresar tu dolor te hace daño. Suspirar, llorar o gemir no son actos autolesivos sino la manera natural de expresar nuestra pena. El sufrimiento reprimido por una pérdida hace mucho más daño.

- Expresar tu dolor hace daño a los demás. Las lágrimas contienen prolactina, hormona del estrés, cuya función es preparar al organismo ante una situación de amenaza para focalizar los recursos pensados de forma eficaz. El llanto tiene una función fisiológica, social y emocional.
- Expresar tu dolor es señal de inadecuación. La persona valiente es la que tiene el valor de compartir su dolor.
- El dolor hay que expresarlo en la intimidad. El duelo es una vivencia relacional que necesitamos expresar a los demás para aliviar el sufrimiento y darle sentido. El apoyo de la familia, de los amigos, de un grupo de apoyo o del terapeuta nos ayuda a recuperarnos mejor del duelo.
- Mostrar tu dolor en público es de personas débiles. Debemos expresar nuestros sentimientos y no avergonzarnos de compartirlos en situación de duelo.

Negación

Todavía recuerdo la noticia que mi padre me dio por teléfono un viernes a la una y media de la tarde cuando me disponía a salir de la oficina para ir a la residencia a ver a mi Abueli. «Hija, no es necesario que vengas», me dijo. Y un frío helador paralizó mi pensamiento.

Es interesante observar cómo nos funciona la mente para que una situación así no duela tanto. No entendía o no quería entender el mensaje, parecía que mi padre me estaba hablando en idioma Klingon. Ante mi bloqueo atroz, durante unos minutos miraba el NOKIA como si fuera una pequeña tele que me estaba hablando y no tenia muy claro que se dirigiera a mi y que fuera una noticia real. Ahora sé que simplemente no podía entender, no podía aceptar que mi Abueli acabara de morir. ¡Era imposible!, pero solo en mi cabeza. Con ella en ese momento se desvanecía la posibilidad de verla, de besarla, de hablarle, de decirle que se quedase conmigo pues era yo la que no estaba preparada para dejarla partir.

La negación es como una explosión sorda interna. El cerebro se conmociona como un disco rayado y molesto, aparecen la parálisis, la incredulidad y la confusión. La situación es difícil de aceptar y no estamos preparados, así que el cerebro nos protege disimulando la verdad. Nuestra conciencia permanece incrédula cuando la realidad se impone, por lo que se acciona la «protección psíquica», que nos permite asumir la realidad de que hemos perdido algo o a alguien a quien queríamos y que necesitábamos. La negación se produce cuando sabemos, en el aspecto lógico de nuestra mente, que esa persona murió, pero esa toma de conciencia no alcanza los niveles viscerales donde asumiríamos, junto con el estómago, que la hemos perdido. Con el tiempo nos ayuda a reconocer que esa pérdida es definitiva. Días después del fallecimiento de mi Abueli recordé algo que mi cerebro había bloqueado: no había querido escucharla tres días antes cuando me miró fijamente a los ojos, con esa dulce mirada de ojos verdes que tenía y me dijo: «Esthercita, me voy a casa». Todavía me duele y es por ello por lo que sigo practicando los ejercicios.

Si mientras lees estas líneas has sufrido una pérdida, permítete estar de duelo, sentirte mal, necesitado, vulnerable, hecho un trapo o totalmente perdido. Puede que te sientas vacío, agitado o inhibido, puedes estar negando la situación o empezar a buscar culpables. A veces es posible que pienses que es mejor no sentir el dolor, o evitarlo con distracciones y ocupaciones llenando tu agenda con actividades que a lo mejor ni siquiera te interesan, solo para no pensar. No te engañes, ese sentimiento te estará esperando cuando se descongele. La angustia puede durar días, meses, años y está buscando una puerta de salida, de expresión, y si tú no lo haces, la encontrará a través de tu cuerpo somatizando aquellos pensamientos y sentimientos que se han quedado en el «no puede ser»: preocupaciones, ideas de culpabilidad, tristeza, miedo y expresiones de irritabilidad. El periodo de resolución puede tardar meses en presentarse de forma estable pero, de todas maneras, con el tiempo lo más probable es que el dolor salga a la superficie.

Te animo a que hables de lo que sientes cuando vives esta situación. Puedes pensar que no sientes nada, que estás anestesiado, pero el abatimiento y la tristeza están ahí. Gracias a nuestros mecanismos de defensa actúa una ausencia emocional que es solo aparente. Este aliado te permite no sentir un dolor demasiado intenso para que puedas continuar el proceso del duelo. Tranquilo, disminuirá cuando estés preparado para hacerle frente.

Cuando vemos la imagen del difunto, se activa en nuestra mente una sensación de soledad devastadora que a veces nos acompaña durante largo tiempo. Pero cuando no se ha visto el cuerpo, la mente se niega a aceptarlo, pues no hay pruebas físicas. Si no hay nada físico que identifique al fallecido, la pérdida como gran señora reivindica ser encarnada para que pueda ser aceptada. Se organizan rituales religiosos o de otro tipo que proporcionarán un elemento tangible al que aferrarse. Es casi condición esencial para una buena progresión en el trabajo del duelo ver el cuerpo; esto ayuda a que los vínculos que nos unían se corten para siempre. También es importante el rito del velatorio a los fallecidos a las 24 horas, momento de descanso de la angustia y recogimiento para tomar fuerzas. Este ritual no solo tiene significado psicológico sino también social, pues en ese momento se nos reconoce como portadores del duelo y se nos identifica como tal y, por lo tanto, se nos acepta como persona que tiene derecho al duelo y a sus comportamientos.

Si por algún motivo no pudiste estar presente en el velatorio y entierro de un ser querido, puedes preparar una despedida y realizar un rito específico para él o ella. Recopila fotos, recuerdos agradables, escribe o cuenta anécdotas, revive experiencias conjuntas, puedes dar las gracias por todo lo que aprendiste de esa persona que ya no está, escribir una carta de despedida, poner un altar con fotos, velas, flores, música, etc. Seguro que sientes alivio.

Ahora toca ser prácticos, la vida sigue, mientras soporto un dolor sordo en el corazón que me ha dejado aturdida, a veces paralizada y un poco incrédula, tengo que resolver algunas situaciones que nunca, por lo menos yo, me había encontrado antes, como por ejemplo ir a la funeraria, elegir el ataúd, decidir si permanecerá abierto o cerrado, elegir el tipo de ceremonia, de entierro, de velatorio nocturno o diurno como si fuera un menú, de pronto otra vez en mi cabeza aparecen el idioma Klingon y la negación. Esto no va conmigo, pienso, además de atender a los familiares y resolver el papeleo. Cuando pasa el alboroto, respiro exhausta y hago frente al silencio y a la ausencia. Ausencia que hace su aparición cuando regresamos a casa a la situación que dejamos y nos damos cuenta de que el intercambio de energías, gestos, conversaciones, bromas y discusiones ya no está. Esta es la primera confrontación real con la pérdida. Se nos cae la casa encima. Es un dolor intenso que va en aumento al igual que el sufrimiento, y pensamos que nada se puede salvar, no se encuentra alivio, sentimos un puñal en el corazón y es en este momento cuando surgen los pensamientos de suicidio. Es necesario canalizar ese dolor, generalmente reconociendo y expresando las emociones que nos invaden, soltándolas a través de la conversación, de la escritura, de la meditación o el rezo. Por todo ello acompaño estas acciones con ejercicios que vas a encontrar al final del capítulo.

Búsqueda

Hay otra situación que seguro has vivido y no entendías demasiado por su espectacularidad, exageración y reacción a destiempo: me refiero a lo que se denomina como *descarga emocional*. Se da en cualquier circunstancia no esperada con un llanto desconsolado, exagerado para el momento en el que se produce. Al mismo tiempo es muy saludable para dar salida a esa descarga de emociones, para no quedar varado y reprimido en un punto sin retorno. Reprimir las emociones no es sano, a pesar de lo que nos enseñan en la infancia cuando nos dicen aquello de «Los niños no lloran», «No seas llorica», «Eres una blanda que siempre está llorando» o «Tienes que ser más fuerte», etc. A partir de este momento permítete llorar; si no te lo permites, esa carga incrementará la presión interior y buscará una forma de salir, generalmente a través del cuerpo, elegido como mediador que somatiza las emociones en forma de dolor de cabeza, migraña, contracturas, lumbalgias. Seguro que estás pensando en alguna situación o en alguna persona.

Unos meses después del fallecimiento de mi Abueli la buscaba o la llamaba por teléfono a las nueve de la mañana, como en los últimos diez años. Después tomaba conciencia de que ella ya no estaba. Entonces la pena y la apatía se apoderaban de mí porque cuanto más conscientes somos de la pérdida, más tratamos de preservar los lazos que nos unían con el difunto, lo que se transforma a veces en una idea obsesiva. Actuamos como si esa persona estuviera viva. Nuestra atención se estimula con lo que tiene relación con lo perdido y hacemos lo que a ella o a él le gustaba. El objetivo inconsciente que subyace a todo esto es anular su muerte, pues ese pensamiento resulta insoportable.

Huida

Sin embargo, otros días, el peso que sentía en mi interior se transformaba en energía y me ayudaba a hacer muchas cosas. Llenaba la agenda con cursos, consultas, con amigos o con la visita a alguna exposición de arte. Creía que esa hiperactividad me ayudaba a aligerar mi dolor, pero más tarde comprendí, exhausta, que estaba huyendo hacia adelante sin descanso. Supe que no quería estar sola por miedo a oír mis pensamientos, que me recordaban mi pérdida y accionaban de nuevo el punzante dolor, por lo que empecé a poner las noticias sin verlas o a encender la radio sin escucharla. Era un tormento, así que decidí trabajar más en mis meditaciones y en mis ejercicios para aliviar mi dolor.

Por propia experiencia, te recomiendo normalizar algunas situaciones con las que te encontrarás si estás en fase de duelo:

- Percibir al fallecido a tu lado.
- A veces se incrementa el deseo sexual después de un tiempo, y habiendo pasado por una situación de estrés en la que no hemos atendido las necesidades del cuerpo, necesitamos ser acariciados, amados y saber que todavía atraemos, que somos sexis. Si lo sientes, debes hablar de ello, pues cada persona siente de forma diferente y está en momentos distintos para un mismo proceso.
- Hay que cuidar nuestra relación con los más allegados, que a veces con sus palabras de aliento y buena intención provocan que nos encerremos más en nosotros mismos, pues sentimos incomprensión, lo que aumenta la sensación de soledad.
- No utilices este tipo de frases que no te ayudan ni sirven para ayudar: «Intenta animarte, no puedes estar así siempre»; «Lo que tienes que hacer es…»; «Llámame si necesitas algo»; «Dios lo ha querido así»; «El tiempo lo cura todo»; «Sé cómo te sientes»; «Mientras hay vida hay esperanza»; «Ahora descansáis los dos»; «Suerte que tienes hijos y te ayudarán»; «Ahora tienes que ser fuerte»; «Intenta distraerte»; «Verás como el tiempo lo cura todo»; «Ahora ya no sufre»; «Esto te hará más fuerte»; «Ahora podrás ayudar a otros padres»; «Seguro que lo superarás»; «Eres joven ¡seguro que te recuperarás! »; «Puedes volver a casarte y tener hijos»; «Tienes que recordar las cosas buenas»; «No llores, que te hace daño y que nada te lo devolverá»; «Por qué te torturas»; «Vuelve al trabajo enseguida, te distraerás»; «Estar enfadado no te lo devolverá»; «Ahora lo que tienes que hacer es estar ocupado»; «Las cosas pasan porque tienen que pasar»; «Esto te hará ser mejor persona»; «Los niños son pequeños, no se acordarán de nada»; «Sé cómo te sientes. Mi… murió hace…»; «El primer año es el peor»; «Es la vida y todos tenemos que morir, y eso que ahora tus hijos son mayores. Imagínate si…».

Puedes encontrar más en el capítulo «Recomendaciones personales» apartado «Cuida tus palabras» y aunque parecen muchas es curioso pensar cómo la cantidad de situaciones de pérdida que pueden darse quedan resumidas en un conjunto de frases que apenas ocupan una hoja.

- Un aspecto importante es decidir qué hacer con los objetos de la persona fallecida. Te recomiendo que si la pérdida ha sido tuya te preguntes: «¿Estos objetos contribuyen al buen desarrollo de mi duelo o son un obstáculo en el proceso de reconstrucción?». Una vez hayas respondido a tu pregunta sabrás cómo debes actuar. Si la pérdida no ha sido directamente tuya, hazle esta misma pregunta a la persona afectada y que ella decida cuando esté preparada.

Cuaderno de trabajo

Ejercicios:
* La negación
* El apego
* La dependencia
* La apatía

Meditaciones:
* Relajación: visualización del señor Dolor.
* Mandalas del duelo para enfocar la atención y relajación. Te dejo un ejemplo.
* Otras propuestas:
  - Crea un álbum con las fotos que te traigan los recuerdos más importantes para ti; el resto a guardar.
  - Escribe y describe los mejores y los peores momentos vividos con el fallecido.
  - Selecciona cinco objetos personales del difunto y escribe por qué eran tan importantes para él. Cuando termines, guárdalos en una caja especial.

La negación

La negación de tus emociones y pensamientos te genera conflicto. En este ejercicio te propongo revivir una situación en la que te has sentido solo, vacío, triste, rechazado, avergonzado, amargado. Posiblemente el sentimiento sea escurridizo o no lo veas por estar paralizado, respira, relájate hasta que aparezca.

- Ante una situación de conflicto obsérvate sin esfuerzo, sin interferir, sin resistirte, sin nombrarla, sin condenarla ni aceptarla. Sin querer cambiarla. Simplemente observa con amabilidad, mirando lo que experimentas en silencio.
- Date cuenta de cómo reacciona tu cuerpo, contempla la respiración, la tensión muscular, los pensamientos, emociones y sentimientos. Observa con curiosidad y atención.
- ¿Cómo reaccionas ante estos sentimientos?
- ¿En qué parte del cuerpo los identificas?
- ¿Por qué crees que reaccionas de ese modo?
- ¿Qué experimentas al rechazar lo que sientes?
- ¿Qué puedes hacer para aliviar tu estado de tristeza?

La dependencia

Ante una situación complicada que no sabemos gestionar, buscamos nuestras referencias fuera de nosotros, generalmente en nuestros mayores, pues nos sentimos temerosos, inseguros, dependientes y confusos. El problema está en la dependencia que tenemos con respecto a ellos: cuando ya no están, nos dejan solos y sin apoyos. Para tomar conciencia de ello, vamos a practicar el siguiente ejercicio.

- Busca y revive una situación de tu vida cotidiana en la que te has sentido apegado o dependiente de algo (un libro, un amuleto) o de alguien (papá, mamá) para saber qué pensar o qué hacer con respecto a algo que te preocupaba. Si te cuesta encontrar la situación, relájate hasta que aparezca.
- Observa tu apego sin interferir, sin resistir, sin nombrarlo, sin condenarlo ni aceptarlo, sin querer cambiarlo. Contémplalo y siente lo que experimentas en silencio. Observa cómo reacciona tu cuerpo: examinando tu respiración, tensión muscular, pensamientos, emociones y sentimientos.
- ¿Cómo te sientes cuando buscas las referencias fuera de ti?
- ¿Te sientes inseguro al aceptar la autoridad del otro?
- ¿Cómo sientes tu cuerpo?

- ¿Qué persigues al buscar tus referencias fuera de ti (seguridad, aprobación, etc.)?
- ¿Puedes identificar alguna referencia en tu interior?
- ¿Cómo te sientes cuando pones en práctica esa referencia interna?
- ¿Cómo sientes tu cuerpo?
- ¿Qué decides, seguir siendo dependiente o confiar más en ti?

El apego

Siento apego cuando temo perder lo que tengo o deseo alcanzar. Apego y temor a perder algo o a alguien son las dos caras de la misma moneda. Cuando experimento apego, también siento inseguridad. Este ejercicio te va a ayudar a ser consciente de ello.

- Busca y revive alguna situación de tu vida cotidiana en la que temes perder algo que aprecias (personas, estatus, salud, etc.). Si te cuesta encontrar la situación, relájate hasta que aparezca.
- Observa tus apegos sin interferir (no los nombres), sin querer cambiar nada. Simplemente obsérvalos, mirando lo que experimentas en silencio.
- Contempla cómo reacciona tu cuerpo ante el apego: cómo es tu respiración, la tensión muscular, los pensamientos, las emociones y sentimientos.
- ¿En qué parte de tu cuerpo, y cómo, experimentas el apego?
- ¿Cómo reaccionas ante la posibilidad de perder lo que aprecias?
- ¿Qué provoca tu necesidad de apego?
- ¿Por qué crees que reaccionas de esa manera?
- ¿Podrías renunciar a tu apego y confiar más en ti?
- Identifica cualidades que te hacen tener más confianza en ti.

La apatía

Cuando sentimos apatía, desaparece el deseo. No somos capaces de hacer nada, y nadie nos puede ayudar. Nos sentimos abotargados y pesados, y no vemos escapatoria posible. La mente se puede llenar de tanto ruido que lleguemos a entumecernos. Las imágenes que vemos son restrictivas y destructoras. Solo pensamos en el fracaso, que no podemos hacer nada ni nadie puede hacer nada por nosotros. Tenemos muy poca o ninguna fuerza para actuar sobre esas imágenes y esos pensamientos porque en nuestro interior nos vemos empujados hacia muchas direcciones opuestas.

Dedica unos minutos a recordar la última vez que sentiste apatía. Luego piensa un momento en el sentimiento que ese recuerdo te produce en este instante. En este cuadro puedes encontrar palabras y expresiones que describen la apatía.

abandonado	abrumado	aburrido	adormilado
agotado	aislado	aletargado	atascado
condenado al fracaso	*shock* nervioso	demasiado cansado	deprimido
derrotado	desalentado	descentrado	descuidado
desganado	desesperado	desilusionado	desmoralizado
desolado	desperdiciado	despreciable	distraído
empedernido	entumecido	«Es demasiado tarde»	fracasado
frío	impotente	impreciso	incorregible

indeciso	indiferente	insensible	inútil
invisible	muerto	negativo	no importo
«No me importa»	no puedo	«No puedo ganar»	olvidadizo
perdedor	perdido	perezoso	«¿Por qué intentarlo?»
«¿Qué sentido tiene?»	resignado	sin gracia	«Vamos a esperar»

- ¿Sabrías aceptar este sentimiento?
- ¿Dónde lo identificas en tu cuerpo?
- ¿Sabrías soltarlo? ¿Lo soltarías?
- ¿Cuándo? Si te estás resistiendo o te cuesta hacerlo, visualiza que estás en una piscina y tienes a la apatía pegada al cuerpo. Permítete soltarla mientras que nadas e imagina cómo se desprende de tu cuerpo y se mezcla con el agua de la piscina... Visualiza cómo esa agua se va por el desagüe y repítete «Ahora suelto mi apatía... Me permito soltar la apatía...», y así hasta que te sientas cómodo.

Visualización del señor Dolor

Para que tu dolor no se cronifique, te propongo hacer una visualización muy sencilla en la que vas a mantener una conversación con el señor Dolor para comprender cuál es su papel en tu vida.

Con los ojos cerrados, respira hondo varias veces. Imagínate que al expirar te desprendes de las tensiones y preocupaciones de tu cuerpo y de tu mente... Imagínate que al inspirar asimilas la energía que te rodea... Con cada respiración vas a profundizar más y más en tu estado de relajación... Relaja los músculos de la cara y de la mandíbula. Libera toda la tensión y la rigidez que sientes... Relaja los músculos del cuello y de los hombros, imagina que exhalas todo el peso que sientes o percibes. Relaja los brazos... los músculos de la espalda, tanto de la parte superior como la parte inferior... Al exhalar, libera toda la tensión y la rigidez que sientes... Relaja los músculos del estómago y del abdomen, siente cómo la respiración te ayuda a relajarte... Ahora céntrate en los músculos de las piernas, para que así todo tu cuerpo pase a un estado de paz profunda...

Utiliza los ruidos del exterior y las distracciones para profundizar aún más en ese nivel de serenidad.

Imagina que tienes por encima de tu cabeza una luz sanadora. Puedes elegir el color o los colores. Esa luz te va a ayudar a sanar tu cuerpo y lo va a relajar... Permite que la luz fluya por tu cuerpo desde la parte superior de la cabeza… Observa cómo ilumina el cerebro y la médula espinal, cómo va sanando esos tejidos y continúa... Deja que la luz siga fluyendo hacia abajo, como una onda luminosa que toca todas las células, todas las fibras y todos los órganos del cuerpo con paz, con amor. En todos aquellos puntos en los que tu cuerpo necesite sanación, haz que la luz sea muy fuerte, muy potente...

[Pausa de quince segundos.]

Ahora imagina que el resto de la luz fluye hasta llegar a tus pies, llenando todo tu cuerpo…, cómo te rodea como si estuvieras dentro de una burbuja que te protege, que sana tu piel y que te relaja cada vez más...

Voy a contar hacia atrás del veinte al uno, cada número te va a ayudar a profundizar un poco más en el estado de relajación al tiempo que visualizas cómo bajas unas escaleras que te lleva hasta tu corazón... Veinte… diecinueve… dieciocho… te sientes cada vez más relajado y tranquilo... Diecisiete... dieciséis... quince… tus piernas, tronco y extremidades están cada vez más y más relajados, Catorce… trece... doce… con cada escalón que desciendes te sientes más profundamente relajado y tranquilo. Diez … nueve... ocho... más y más relajado... Siete... seis... cinco... más profundamente relajado, más profundamente tranquilo... Cuatro... tres... dos… Estás más y más calmado, sereno... Uno… ya has llegado.

Estás veinte veces más profundamente relajado que antes. Ordenas que se abra la puerta de tu corazón... Haces una respiración profunda y entras en un espacio lleno de luz tranquilo y seguro... Puede ser un bosque, un lago, una montaña... elige uno. Puedes estar solo o acompañado.

Una vez centrado en el lugar, busca ese oscuro sentimiento que necesitas comprender y aceptar. Imagínate qué forma tiene el señor Dolor, observa la figura de tu dolor, de tu tristeza, de tu miedo, de tu sufrimiento, tu desesperación o tu ira.

- ¿Qué aspecto tiene?
- ¿De qué color es?

Sitúate frente a ella y pregúntale:
- ¿Qué quieres de mí?
- ¿Qué mensaje me quieres transmitir?
- ¿Qué debo hacer contigo?

Si tienes más preguntas que en ese momento vengan a tu mente, házselas, pero tómate tu tiempo para escuchar las respuestas. Poco a poco os vais conociendo. Recuerda que ese sentimiento tiene un regalo para ti. Obsérvalo con atención.

- ¿Qué es?
- ¿Cómo es?
- ¿Para qué sirve?

Tómalo y acéptalo.

Contempla cómo va cambiando el color del sentimiento. Ya no es tan oscuro. Ahora te invita a que bailes con él... Danzáis juntos al tiempo que lo vas aceptando en tu vida. Solo hace su trabajo, es su misión para enseñarte... Respira.

Es tiempo de regresar. Agradece al señor Dolor ese regalo... y si tienes acompañantes, agradéceles también su ayuda. Es momento de despertar. Avanza hacia la puerta del corazón atravesando tu jardín o el lugar que has imaginado... A medida que voy contando de uno hasta veinte, irás despertándote progresivamente. Cuando llegue a veinte podrás abrir los ojos y te sentirás muy relajado, tranquilo, muy despierto y consciente. Uno… dos… tres… comienza a sentir tus piernas despertando… Cuatro… cinco… seis… tus brazos despiertan… Siete… ocho… nueve… tu cuerpo despierta… Diez… once… permites fluir por todo tu ser una sensación de paz… Doce… trece… permítete sentir amor… Catorce… quince… dieciséis… te sientes cada vez mejor… Diecisiete… dieciocho… es como si sonara el despertador por la mañana. Diecinueve… vas despertando… Veinte… después de una respiración profunda y cuando estés preparado… despierta y abre los ojos.

Contesta a las preguntas:
1. ¿Has realizado el ejercicio? Si la respuesta es NO, ¿cuál es tu excusa?
2. Si la respuesta es SÍ, contesta a las siguientes preguntas:
   - ¿Cómo te sientes?
   - ¿Qué has aprendido?
   - ¿Cuál es tu regalo?
   - ¿Qué te ha impresionado?
   - ¿Comprendes ahora tu dolor?
   - ¿Qué puedes hacer para reducirlo?

Mandalas

Los mandalas son representaciones del cosmos con una utilidad espiritual o ritual. En los últimos años se utilizan como herramienta terapéutica para unificar y armonizar la mente en situaciones traumáticas, pues contribuyen a centrar y fortalecer la atención en un solo sentimiento o pensamiento ayudando a la mente a relajarse. Son muy útiles cuando no sabemos expresar lo que nos ocurre. Pintar y colorear mandalas nos permite expresar nuestras emociones a través de los colores que elegimos. Si estás interesado puedes tener más información en el enlace https://es.wikipedia.org/wiki/Mandala. Si la imagen de este tipo de mandalas no te gusta, tienes otras opciones en cuadernos de diferentes temáticas. Lo importante es que, a través de los colores que elijas, enfoques tu atención y expreses tus emociones.

Vivir en tiempo de desestructuración

Con el tiempo me doy cuenta de que necesitamos relaciones que nos vinculen con otras personas para crecer y desarrollarnos plenamente. Desde que nacemos buscamos el contacto con papá y mamá creando un vínculo que nos sirve como base de seguridad, que nos proporciona la confianza y la autoestima necesarias para desarrollar nuestras competencias y para crecer saludablemente.

Desde los primeros años de vida nos vemos reflejados en la mirada, en los sonidos, en el contacto con padres y tutores. A partir de esa imagen y de las que recibimos en otras interacciones con personas que nos rodean, construimos un mundo interior de sentimientos, pensamientos, creencias y valores que van formando nuestra personalidad. Nuestras creencias nos ayudan a organizar el sentido de todas las experiencias futuras y van a determinar nuestras respuestas a otras nuevas experiencias como personas adultas: soy valioso, debo esforzarme para ser querido, hay personas que me quieren, el mundo es un lugar seguro, no puedo pedir ayuda, nadie está ahí para mí…

Sobre la importancia de las primeras vinculaciones en la infancia, se ha demostrado que esas relaciones resultan significativas para toda la vida. Las teorías sobre la vinculación desarrolladas en Inglaterra en los años sesenta provocaron cambios notables en el trato hacia los niños. A pesar de las críticas que recibió el sistema en otros aspectos, hizo que, por ejemplo, abolieran los orfanatos ante la inexistencia de referentes adultos estables y consistentes. Las nuevas teorías también recomiendan que los niños ingresados en hospitales estén acompañados de personas adultas de su familia, pues forman parte indispensable del proceso de recuperación de una enfermedad.

Todas las creencias que vamos aprendiendo desde la infancia en un momento de pérdida se pueden tambalear y es en la desestructuración donde ponemos como objetivo reevaluar los propios sistemas de pensamiento y referencia, definir y establecer lo que continúa siendo eficaz para uno mismo y rechazar lo que se ha convertido en disfuncional o no eficaz.

El proceso del duelo tal y como se define no es un departamento estanco en el que pasas de una fase a otra después de un punto final. Es más bien una «coma», una transición continuada. Por ello, en esta etapa, aunque ya somos conscientes de que lo perdido, perdido está, continuamos haciendo cosas que *implican al fallecido,* como comprarle sus dulces favoritos aunque ya no pueda degustarlos. En mi caso, aparte de llamar a mi Abueli como cada día, siempre que llegaba su cumpleaños me acercaba a una perfumería para comprar su perfume preferido. Ha habido veces que me he dado cuenta después de pagar en la tienda. Es en ese momento cuando vuelvo a sentir su ausencia y mi soledad. Con el tiempo y poco a poco, van desapareciendo los lazos que nos unen con lo perdido, también desaparecen los objetos y se desdibujan los elementos a los que nos aferramos. Esto se traduce en una intensidad del duelo y la sensación de que vamos hacia atrás en el proceso.

El tiempo avanza a su ritmo sin importarle mi dolor, veo cómo mis amigos, familia y compañeros de trabajo siguen sus vidas, pero todo va a cámara lenta para mí y no entiendo la felicidad ajena, pues mi dolor me ciega. Me animan diciéndome que vaya a talleres de risoterapia porque creo que mi tristeza les molesta, y en mi mente todo suena en idioma klingon. No me entienden ni yo a ellos. Esto hace que me cohíba a la hora de manifestar tan abiertamente mi dolor como lo hacía al principio, pues ya ha pasado tiempo y la sociedad de alguna forma me exige no seguir manifestándolo. Lo que no saben es que yo lo vivo con la misma intensidad a pesar del paso del tiempo, solo que ahora en silencio. Me asusta la sensación de que este dolor no remita nunca y, para complicarlo todo, surgen sentimientos y emociones muy intensas.

Las emociones son reacciones automáticas que se dan a nivel corporal aportando energía. Organizan y motivan el funcionamiento adaptativo. Los sentimientos son expresiones mentales más conscientes y elaboradas resultado de la mezcla de las emociones y los pensamientos. Ambos, emociones y sentimientos, nos conducen a una situación que tenemos que resolver para recuperar el equilibrio, el bienestar. Creo que las emociones se han clasificado de forma errónea, pues se las denomina positivas o negativas, y estoy más de acuerdo con el psiquiatra Leslie S. Greenberg, que las denomina adaptativas o desadaptativas.

Una emoción es adaptativa siempre y cuando se da ante situaciones determinadas que se expresan correctamente, por ejemplo, si vamos por un bosque y nos encontramos un animal salvaje, nos asustaremos y saldremos corriendo, sin embargo, cuando contemplamos el mar, nos relajamos. Es desadaptativa si en el mismo ejemplo vemos al animal salvaje y no reaccionamos para escondernos, nuestro cuerpo no se pone en modo alarma, se bloquea y el resultado ya sabes cuál es. Otro ejemplo es cuando tenemos que hacer una entrega en tiempo límite y nos estresamos hasta tal punto que puede darnos un infarto. La respuesta ante ambos estímulos es desproporcionada con fatales consecuencias, por tanto sería desadaptativa, pues no nos ayuda a relajarnos.

Te voy a hablar de las emociones más intensas y a veces molestas que te puedes encontrar, pero no te apures, también te voy a decir cómo afrontarlas.

La ira y la indignación. ¿Por qué a mí?

Definición: están presentes en situaciones de conflicto, ya sean con otros o con nosotros mismos y pueden oscilar entre una leve irritación y el más profundo de los odios. Son señales emotivas desagradables pues cursan con la desesperación y nos informan de la presencia de una amenaza que daña o puede dañar nuestros valores o expectativas creadas, y que predispone a nuestro organismo a evitarla o superarla desde el ataque.

Función que desempeña: sirve para ir en contra de aquello que nos impide alcanzar la meta que nos hemos propuesto. Nos ayuda a detener o transformar lo que nos hace sentir enfadados y motiva acciones susceptibles de aportar un cambio. Los mecanismos de acción bioquímicos y estructurales de la rabia y del miedo se producen como respuesta a las mismas amenazas. La ira reduce el miedo y aporta energía que mueve a la acción para enfrentarse a la amenaza. Cuando esto sucede, el miedo se transforma en ira.

En el duelo no es obligatorio que aparezcan la rabia o la ira, pero a veces brotan en lugar de la depresión. La ira es una respuesta al sentimiento de abandono, pues no aceptamos que nos hayan abandonado, recordándonos el primer abandono o pérdida que sufrimos al salir del útero de nuestra madre. Sabemos que socialmente está mal vista, por lo que se vive muy en soledad y en algunos casos el doliente se reprime.

La ira se alimenta de los pensamientos que componemos de:

- indignación contra Dios o contra el destino;
- indignación contra la medicina;
- indignación contra el difunto;
- indignación contra uno mismo.

La reacción de la ira puede seguir dos caminos:

- Una actitud negativa: convertir la señal de enfado en una agresión y ataque hacia la causa del enfado: subir el tono de voz, insultar, acusar… Esta actitud nos lleva a enfadarnos más y a que el otro también se enfade sin solucionar nada.
- Una actitud positiva: enfadarse sin agredir. Podemos expresar la emoción sin ataques agresivos, y la pérdida o frustración exteriorizando la importancia y valor que tiene la persona, sin dañar. Implica hablar de posibles alternativas reales y concretas, de cómo y cuándo se puede reorientar la situación de la forma más positiva y saludable posible con el fin de reparar el daño causado y de que no se repita.

Pasaron unos días después de su fallecimiento, seguía muy enfadada, los demás hablaban y hablaban y no oía ni escuchaba nada, solo buscaba un culpable. ¿Por qué se había tenido que morir mi Abueli?

Nunca nos viene bien cuando alguien a quien queremos se va y, como a nosotros nos pilla por sorpresa, buscamos a ese culpable solo para adaptar la situación a nosotros y no a la inversa.

Recuerdo cómo la ira afinaba mis labios cuando hablaba y cómo, al tensionar mi mandíbula, mi voz se volvía más gutural. Como síntomas adheridos creía sufrir la menopausia, pues sentía calor en mi cabeza, suspiraba más y respiraba de forma agitada. Pensaba que me iba a dar un ataque al corazón. Ahora sé que mi organismo estaba respondiendo a su manera a mi estado de ira.

Ante una pérdida, buscamos un responsable, nos indignamos con Dios, con el Estado, con el médico que atendió al fallecido, con el personal de la residencia porque no nos parece suficientemente bueno. En resumen, con el mundo entero. Echamos balones fuera y no nos permitimos decir que nos hemos enfadado con la persona fallecida porque se ha muerto sin pedir permiso, no ha contado con nadie y se ha ido cuando no estaba preparado para dejarla ir. Nos parece que es de malas personas pensar esto y nos encolerizamos por haberlo pensado siquiera y luego con el difunto de igual modo por haberse ido. Es importante identificar y expresar este sentimiento de manera eficaz utilizando argumentos honestos y sinceros en vez de amenazas o insultos. Estas acciones nos ayudarán a soltar la rabia poco a poco.

Este episodio de ira, personalmente me ha enseñado a tener más respeto hacia mí misma y hacia los demás, pues cada uno manifestamos el dolor como sabemos o podemos. También me ha enseñado a que, si no he resuelto la rabia pendiente, cualquier pequeño inconveniente puede hacer que estalle de nuevo con fuerza pues entra en juego el resentimiento guardado. Es fundamental resolver problemas del pasado para que no estén presentes en mi día a día. Me he recordado que es bueno para mi salud seguir practicando técnicas de relajación y respiración, meditación, pasear, pintar, escuchar música o cualquier actividad que me ayude a desviar la atención de los pensamientos que alimentan la ira. He aprendido a poner distancia mental abandonando el lugar donde me encuentro en ese momento, a contar hasta diez haciendo respiraciones profundas o a poner atención en un objeto que tengo delante observándolo con todos mis sentidos. Esto me ayuda a calmarme, a ver las cosas desde otra perspectiva más realista y, por tanto, a buscar soluciones positivas a la situación.

Quiero mostrarte en el apartado «Cuaderno de trabajo» ejercicios y meditaciones que practico para aliviar ese sentimiento tan molesto:
- Identificar enfados del pasado sin resolver.
- Cómo resolver mi enfado.
- Siento rabia.
- Meditación *Sueltarrabias*.

La culpa. Impotente porque no lo he visto

Definición: la culpa es una vivencia psicológica debida a una acción que causa un daño y que provoca un sentimiento de responsabilidad. También aparece por la omisión intencionada de un acto. Está muy ligada a las normas, a la cultura, a la religión y sus leyes morales. Se caracteriza por ser una forma de autorreflexión implícita o explícita, y experimentada consciente o inconscientemente. Nos culpamos por aquello que no hemos hecho, por no haber podido salvar o retener una situación. Le acompaña un sentimiento de desolación.

Función que desempeña: tiene una función reparadora que nos motiva a arreglar ese sentimiento por los pensamientos que tengo, por lo que es una emoción adaptativa. En una situación de conflicto la culpa guía a la persona hacia una dirección más constructiva, orientada hacia el futuro. Uno se encierra en el sentimiento de culpa. Es una reacción frente a la frustración a la injusticia y por ende de protesta. La culpa se dispara después de sentir miedo, rabia, rechazo, sobre todo en personas que se sienten responsables de todo lo que sucede.

Después de perder a alguien o algo me siento culpable, aunque conscientemente sé que ya es tarde para reescribir el pasado. Vuelvo a sentirme culpable por no haber estado más tiempo con mi Abueli, por todas las veces que discutíamos pues éramos igual de testarudas y cabezotas, por las cosas que no le pregunté o por no animarla con más intensidad a que viniera de vacaciones. Pero a veces perdía la razón y la rabia subía la sangre a mi cabeza ruborizando mis mejillas, arrugando la nariz, apretando mi labio inferior contra el superior. Ahora me siento culpable y ese es mi castigo, como exige la culpa, mientras que mi corazón sufre por no poder pagar la falta.

Deseo que no caigas en el mismo error que yo intentando idealizar lo perdido para aplacar tu dolor, pues este recurso mental hace que no veas lo que es real después de sentir esta culpa por sobrevivirla. Para mí que nunca imaginé mi vida sin mi Abueli, ella siempre será inmortal, aunque haya razonado y analizado mis frustraciones con detenimiento.

En nuestras discusiones sobre los viajes me decía que a ella no le gustaba ir de vacaciones porque se sentía tan feliz en su amado Madrid… También en las conversaciones por teléfono hablaba justo el tiempo que le apetecía y discutía conmigo si no estaba de acuerdo con ella. Quería imponerme su criterio y yo no acepto las imposiciones sin razonamiento. Comprendiendo ciertos aspectos he readaptado mis emociones y me he dado cuenta de que nunca me había cuestionado ciertas creencias aprendidas en mi infancia. Ahora es el momento de revivirlas y adaptarlas a mi realidad.

Necesitamos autodisciplina para trabajar este sentimiento de culpa. Si te distancias de los acontecimientos y trabajas los ejercicios y la meditación, podrás hacerla desaparecer. Si persiste es probable que esté muy vinculada a relaciones conflictivas con el difunto, algo que también tienes que aprender a identificar y trabajar por partes. Este sentimiento se libera cambiando el foco de atención, haciendo algo para reparar esa pérdida. Te propongo ayudar a tus personas queridas, a participar en una ONG con la que te identifiques, a recaudar fondos para causas de tu entorno; también nuestras creencias religiosas nos ayudarán a mitigar el dolor. Si no tienes convicciones religiosas, debes celebrar un rito liberador o alguna acción que creas que te puede ayudar. En mi caso, el día once de cada mes enciendo una vela en memoria de mi abuela y le envío bendiciones allá donde esté. Para mí tiene más significado que ir al cementerio y ver su tumba, pero cada persona y creencia necesita un rito y costumbre diferente.

A alguno de mis pacientes perder algo o a alguien les ha supuesto una sensación de alivio que por otro lado les provoca un sentimiento de culpabilidad. Recuerdo el caso de una chica joven que decidió vivir con su abuela en lugar de con su padre, al que decidió no volver a ver declarándole desde ese momento como *persona non grata*. Su rostro expresaba la relajación y la paz interna que sentía y, aunque al principio se mezclaba con la culpa, finalmente aceptó que era lo mejor que podía hacer por ella misma. Había perdido a un padre maltratador, el único que tenía, pero con esa decisión tan dolorosa había ganado confianza, seguridad y respeto hacia sí misma.

La culpa generalmente trae asociada la activación de los llamados *pensamientos rumiantes* y resistentes que se producen como un monólogo interior. Lo denomino «*activar el centrifugado mental*», pues nos hablamos a nosotros mismos, a otras personas, e incluso a una circunstancia a la que acusamos o responsabilizamos, dando vueltas y más vueltas en base a la información recibida. Esta actitud casi siempre se basa en suposiciones, deseos o sueños que no pasan a la acción y que no se convierten en realidad. Las preguntas tratan sobre la causa de la muerte, la búsqueda de detalles en la información, la fijación con síntomas negativos o la búsqueda de significados y explicaciones. Generalmente, si lo hacemos, ponemos nuestro cuerpo en tensión, y cuando brota el llanto, el pensamiento se detiene. Cuando rumiamos estamos solos y focalizados en una parte de la realidad; hay una pérdida de la visión global de la situación. Es una fijación mental rígida.

Parar mi *lavadora mental* me ha llevado años de práctica y aún sigo haciendo este ejercicio que te muestro a continuación. He aprendido a ver que hay algunos pensamientos rumiantes que se pueden transformar en pensamientos obsesivos, y creo que estás a tiempo de identificarlos y cambiarlos. Si lo practicas creo que no tardarás años como yo, podrás aliviar el sufrimiento y hacer que el dolor sea más soportable.

Lo primero para atajar el centrifugado mental es:

• Identificar los pensamientos que te generan culpa y los pensamientos rumiantes. Aquí van algunas pistas:

– Pensamientos que aparecen en condicional («si hubiera... tendría que... debería haber... ») y nos hacen creer que se puede modificar el pasado.

– Pensamientos que nos mienten sobre lo que ha pasado sesgan la información de la realidad y nos condicionan a ver solo la parte que nos interesa.

– Aquellos que pueden manifestarse formulados de forma positiva o negativa «no tendría que... , tendría que...».

– Pensamientos negativos que pueden aparecer en forma de creencias autorreferenciales, «soy yo el culpable, soy obstinado».

– Acciones autoinculpantes que nos asignan a nosotros mismos o a otra persona toda la carga, «fue mi culpa... él/ella tendría que...».

– Pensamientos que no alivian y aparecen formando un bucle que no desaparece fácilmente y nos hacen sentirnos peor sin resolver nada.

– Los que expresamos y terceras personas nos dicen que no seamos tan duros con nosotros mismos, que no es nuestra culpa.

Transforma la culpa en responsabilidad, tienes que responsabilizarte de tus acciones, aceptando tus límites y las circunstancias que no puedes controlar. Aprende de las experiencias y cambia aquello que es conveniente para ti y para los que tienes a tu alrededor. Esto te va a ayudar a ser más resiliente y adaptarte.

CULPA	RESPONSABILIDAD
Es general, te globaliza como persona.	Es particular, facilita la concreción. Se es responsable de algo concreto.
Es inamovible, inmodificable. Imposibilidad de cambio. Bloquea, paraliza.	Facilita la acción.

CULPA	RESPONSABILIDAD
Ejemplo: te vas de viaje, estás en la estación esperando a que salga tu tren. Quieres ver desde qué andén sale, así que te acercas un momento a la taquilla y cuando vuelves te han robado la maleta con la cartera, los papeles y el dinero.	
Mira lo que he hecho, cómo se me ocurre, soy un inútil, todo lo hago mal, no sirvo para nada.	Vaya, he tenido un despiste y mira lo que ha ocurrido. En las estaciones hay que estar muy atento porque si te descuidas, te pueden robar.
Ahora qué voy a hacer, esto me pasa por imbécil, a quién se le ocurre, no soy capaz ni de cuidar una maleta.	Voy a denunciarlo a la policía, y voy a ver cómo resuelvo esto para irme lo antes posible.
Pues nada, por tonto te has quedado sin viaje y encima te ha salido por un ojo de la cara.	Bueno, esto ya no se puede cambiar, pero de ahora en adelante tengo que poner más atención para intentar que no vuelva a suceder.

Ejercicios
- Siento culpa.
- Cómo liberar los sentimientos de culpa.
- Debo perdonar.
- Meditación *El perdón*.

Proceso depresivo y tristeza

¿Has sentido alguna vez que no aguantas más? ¿Que por más que hagas lo correcto, las cosas no te salen bien? ¿Te duele todo? Desgraciadamente no es un anuncio de Teletienda y después de unos meses de mi pérdida hago los ejercicios y las meditaciones pero no siento alegría. Aparecen las migrañas, mi voz pierde fuerza, hablo y casi no me oyen aunque tampoco hago esfuerzos para que me escuchen, parece que mis ojos están caídos, siento frío, no tengo apetito y he perdido bastante peso. Sin batería, agotada y sin fuerzas para continuar, solo quiero dormir y dormir acurrucada todo el día y toda la noche, pero el sueño no es reparador. He comenzado mi proceso depresivo acompañado de la tristeza más profunda. A este estado lo llamo *la noche negra del alma*. Es un pozo negro tan profundo que no se satisface con nada ni con nadie. Este proceso da la cara cuando se produce la saturación de las capacidades que tenemos para la adaptación al estrés, debido a la lucha constante que se ha producido en los meses de antes, durante y después de la pérdida.

El proceso depresivo es un inicio de la etapa del duelo en proceso de solución. El agotamiento de las reservas de energía psíquica y física se manifiesta en un conjunto de síntomas cuya intensidad varía con el tiempo y en función de las personas. El dolor se manifiesta en el cuerpo, somatizándolo, y reacciona a su manera ante la pérdida a través de dolores de cabeza, migrañas, espasmos o calambres.

Definición: la tristeza es la emoción que surge cuando algo importante falta. Activa el proceso psicológico que nos permite superar pérdidas, desilusiones o fracasos. Nos permite establecer distancia con las situaciones dolorosas para impulsar la interiorización y cicatrización del dolor generado por ellas.

Función que desempeña: la tristeza ayuda en la mejoría de la pérdida gracias a una de sus funciones, ayudar a llorar y a expresar el dolor que nos supone esa situación, si no es así, el dolor quedará atrapado en el cuerpo. Ayuda a enriquecer la experiencia vivida sobre el significado de la pérdida; es decir, nos permite reconstruir los recursos y conservar energía, lo cual no sucede si la angustia se mezcla con la tristeza. La angustia disminuye la energía y el entusiasmo por las actividades vitales y la ralentización del metabolismo corporal. Nos hacemos más pasivos, dificulta el aprendizaje, disminuye la impulsividad, la valoración objetiva de las tareas y retos y sus dificultades, nos predispone para el ensimismamiento y el duelo, es un buen momento para la introspección y la modificación de actitudes y elaboración de planes de afrontamiento. En esta situación, muchas personas optan por tener comportamientos para no sentir tristeza como volcarse en el trabajo, en la comida, en la bebida, en la medicación y en todo aquello que anestesia el dolor. Si reprimimos la tristeza, impedimos la posibilidad de que los demás nos ayuden a sobrellevar esa situación castrando la función social de la misma, pues sus manifestaciones llaman la atención de nuestros allegados para así recibir su apoyo y consuelo.

Te puedo contar muchas experiencias sobre la tristeza, pero me voy a centrar en mi experiencia en la despedida de mi Abueli. Al recibir la triste noticia llegamos al tanatorio. Había dos habitaciones, una para los familiares y amigos y otra en la que estaba el ataúd abierto separado por un cristal para aquellos que deseaban despedirse. Yo estaba indignada, en un momento de tanto dolor, tan triste, había café, té y bollos. ¿Cómo puedes pensar en comer con semejante disgusto? Recuerdo que pensé: «Estamos en Occidente, aquí no se celebran los velatorios con comida, ¡por Dios!».

Entré en la habitación donde descansaba el cuerpo sin vida de mi Abueli y me quedé de pie pegada al suelo. No reconocía ese rostro. Por un lado se parecía a ella pero por otro no era ya la persona que conocí. Una sensación extraña de escalofrió recorrió mi cuerpo. De pronto me sentí muy cansada. Había un sillón clásico de orejeras y, utilizando las pocas fuerzas que me quedaban, lo arrastré hasta ponerlo frente a su cuerpo, y allí me senté como si estuviera admirándola. Me había dejado llevar por el espectáculo y todo se asemejaba al estreno de una película en el cine. Me faltaban las palomitas. En lugar de eso mi padre me ofreció tímidamente un té y se lo acepté. ¡Pobre!, no sabía cómo consolarme. Perpleja, seguía mirando el cuerpo de mi abuela esperando a que despertase pero ella no abría los ojos. Pensé: «Se te ha ido la pinza. Esther. ¡Si está muerta!». En ese momento tomé consciencia de la situación. Mi Abueli se había ido. En ese momento empezaron a brotar tímidas lágrimas de mis ojos y, en cuestión de segundos, pasé de un silencioso llanto a un descontrolado, escandaloso y desbordante lamento imposible de contener.

Lloré, lloré y lloré, entre misas, visitas, miradas e intentos infructuosos de calmarme, la ira me desbordaba cuando alguien me decía «No llores hija, le ha llegado la hora» o «Esther, mujer, ya con noventa y ocho años es normal. Bastante ha vivido ya». No puedo describir con palabras lo incomprendida, sola, extraña e impotente que me sentía. Solamente contestaba entre hipo e hipo, «Pues a mí eso no me consuela. Vete y déjame llorar mi dolor».

Como en la novela, lloré durante las cinco horas que estuve frente a su cuerpo. Creo que me deshidraté de todas las lágrimas que derramé, por todas las cosas que le dije para no dejármelas dentro, por todo lo enfadada que estaba con ella por haberme abandonado, aunque me había advertido de su partida y yo no estaba preparada para aceptarlo. Le dije lo triste que me sentía sin su apoyo, sin sus abrazos, sin sus consejos, sin volver a escuchar sus sabias opiniones fruto de su experiencia o sus bromas de niña. Ya no volvería a ver su mirada amorosa o su sonrisa tierna y sincera. Por todo ello lloré hasta quedarme exhausta con los ojos hinchados como pelotas. Mientras que escribo, sigo llorando, pues todavía la echo muchísimo de menos y su recuerdo me provoca un torbellino de emociones tristes y entrañables.

A pesar de la dolorosa experiencia, la tristeza también nos puede ayudar, ya que:

- Nos ayuda a digerir los cambios y a poder construir la vida a partir de ese momento.
- Es una emoción de energía baja, de sensación desagradable y lenta, pero nos ayuda a pararnos y a reflexionar.
- Aunque nos impulsa a estar solos, pues en ese momento necesitamos apartarnos de lo habitual, cuando estemos preparados volveremos al ritmo acostumbrado porque queremos y podemos hacerlo. No confundas la soledad buscada con la soledad impuesta.
- La tristeza nos ayuda a aceptar la ayuda de otras personas en esta situación puesto que «yo solo no puedo».
- Si no nos permitimos estar tristes (por condicionantes sociales, culturales, educacionales), se puede sustituir por otra emoción como la rabia o la irritación. Recuerda que a veces, debajo de la tristeza, hay mucha rabia reprimida, y otras veces, debajo de una persona iracunda, se esconde la tristeza más profunda.

Quiero animarte a expresar tu tristeza, a que llores y llores hasta quedar agotado, dormido por el cansancio y exhausto como un bebé. Te lo recomiendo porque, aunque duele, después se siente mucho alivio. William H. Frey nos informa de por qué es importante llorar en lo que denomina las funciones del llanto. El llanto en forma de descarga de lágrimas emocionales es un proceso fisiológico de liberación del exceso de hormonas responsables del estrés (ACTH, prolactina).

- Funciones fisiológicas de las lágrimas de dolor:
  - liberar tensión;
  - reducir la presión sanguínea;
  - favorecer la relajación muscular;
  - favorecer un efecto sedante y antidepresivo;
  - mejorar el estado anímico.
- Funciones sociales de comunicación:

- Es una forma no verbal de pedir ayuda física y emocional en un momento de estrés o sufrimiento.
- Nos ayuda a responder al dolor del otro mostrando empatía.
- Función emocional:
  - Nos ayuda a elaborar la pérdida y dotarla de significado.

En el apartado «Cuaderno de trabajo» quiero mostrarte algunos de los ejercicios y meditaciones que he practicado y sigo practicando para aliviar ese sentimiento tan molesto.

- Mis momentos difíciles.
- Mis emociones.
- Emociones adaptativas frente a emociones desadaptativas.
- Siento tristeza.
- Afrontar la tristeza de la pérdida.
- Meditación Autoconsuelo.
- Meditación *Sueltatristeza*.

El miedo. No, no puedo 🎸

Definición: es una señal emotiva desagradable que nos informa de la presencia de una amenaza que creemos mayor que nuestros recursos personales. Nos predispone a evitarla, a escapar o a paralizarnos ante ese estimulo tan temido y surge cuando desaparece el conjunto de referencias que poseemos y se pierden o tambalean las creencias. Se somatiza junto con síntomas de ansiedad.

Recuerdo una situación de hace años que todavía me hiela la sangre. Era por la mañana y salía de la oficina para desayunar en un centro comercial cercano. Bajando las escaleras mecánicas me pareció ver a mi cuñado. Él iba en las escaleras de subida y en el punto que nos cruzamos de pronto mi cuerpo se paralizó, mi estómago hizo un movimiento extraño y noté un sudor frío, entonces mi mente empezó a buscar una explicación. Quise saludarlo así que esperé a bajar las escaleras e inmediatamente tomé las de subida porque quería alcanzarlo para saber de él. Lo busqué por todo el centro comercial con el corazón acelerado mientras me temblaba todo el cuerpo. De nuevo me invadía un sudor frío, pero seguí buscando en cada tienda, en cada pasillo, pero no podía encontrarlo. Iba pensado las preguntas que tenía preparadas, pero tenía pensamientos en contra de hacérselas pues quizás no quería saber nada de mí. Entonces me vino a la mente un pensamiento inequívoco, tomé consciencia de que llevaba fallecido más de diez años. Me quedé paralizada y todavía hoy estoy confusa, no sé si lo vi, me lo imaginé o qué pasó. Aun así no dejo de pensar si tenía un mensaje para mí. Días más tarde hablé de lo sucedido con mi hermana. Ella había soñado con él el mismo día que creí verlo. A pesar del paso del tiempo no he dejado de preguntarme si la visión fue fruto de mi imaginación o lo vi realmente, solo sé que me alegré de volver a verlo aunque fueran unos segundos, pues me trajo buenos recuerdos. Hoy soy consciente de que lo sigo echando de menos.

El miedo que sentimos en situaciones traumáticas proporciona a nuestro cuerpo un poco más de energía que en la tristeza, pero sigue aún tan contraído que se antepone al resto de sentimientos y transmite sobre todo un estado doloroso. Transmite sensación de frío, nos palidece la tez, se acelera nuestro ritmo cardiaco, respiratorio y nuestras piernas y brazos se preparan incrementando el riego sanguíneo preparándonos como si fuéramos a salir huyendo. La intensidad de los sentimientos sube y baja con rapidez. La mente está menos saturada que en la pena pero aún es ruidosa y opaca. Las imágenes y pensamientos que nos vienen a la mente son de fatalidad y destrucción. Mientras que los pensamientos giran en torno a que vamos a sufrir un daño, a lo que podemos perder, o que debemos protegernos a nosotros y a quienes nos rodean. El miedo es adaptativo, sin embargo también heredamos y copiamos miedos que se graban irracionalmente a nivel cerebral.

Una característica que me gusta de esta emoción es que la señal que lo estimula puede ser física o imaginada. Si la amenaza está presente, provoca una acción paralizante o de huida para hacerle frente. Generalmente es analgésica, reduciendo la sensación de dolor, mientras que permanecer preocupado por una amenaza próxima desencadena una vigilancia extrema y tensión muscular incrementando el dolor. A veces sucede en algún momento del proceso del duelo, que de pronto te ha parecido ver a la persona que has perdido y te has quedado helada del susto, o has creído oír su voz y no tenías claro si estabas dormida o despierta. Si te ha sucedido, ¿cómo ha reacciono tu cuerpo?

¿Cómo podemos superar el miedo?

Paso a paso, así desarmamos la respuesta cerebral del miedo estimulando el pensamiento racional y el juego creativo de nuestra mente asustada. He aprendido que si el miedo no se acepta, se le añaden emociones como la vergüenza, además de mantener una lucha inútil contra nosotros mismos.

Se distinguen tres niveles de miedo:
- Los temores que no nos bloquean pero dificultan nuestras acciones y nos generan inseguridad y desconfianza.
- Las fobias, que son miedos irracionales que no tienen razón de ser, bloqueando y paralizando nuestras acciones concretas y específicas.
- Los ataques de pánico que nos paralizan a nivel personal y fisiológico manifestándose en las somatizaciones.

Los tipos de miedo más comunes entre los seres humanos son el miedo al abuso físico, a la presión y a las expectativas, al rechazo y al abandono, y el miedo a la falta de espacio y a ser ignorado. Cuando sufrimos una pérdida, se reaviva el miedo al abandono, y nuestro cuerpo reacciona ante ello con toda su fuerza. Para aliviar el miedo debemos poner lo que tememos en perspectiva definiendo límites seguros y adecuados tanto a la persona como a lo que se teme. Por ejemplo, ante una pérdida, tengo que aceptar lo que hay o lo que ha pasado, pues el miedo tiene como combustible la tensión. La lucha está relacionada con generar ansiedad y tensión, y cuando nuestro cerebro percibe la tensión, se dispara el miedo. Si acepto mi miedo y me enfrento a él desde la tranquilidad, este va a disminuir, pues el miedo y la serenidad son incompatibles. En la obra de Robert Fisher *El Caballero de la armadura oxidada*, el caballero se enfrenta al dragón del miedo que se va haciendo cada vez más pequeño, porque «el conocimiento de uno mismo puede matar al Dragón del Miedo y de la Duda».

Otra forma de aliviar el miedo es la reestructuración cognitiva. Puedes identificar e incidir en las creencias irracionales para que el filtro cognitivo permita una interpretación más adaptativa de la realidad. Para ello identifica los pensamientos automáticos y las creencias irracionales que tienes, cuestiónatelas y reemplázalas por pensamientos más adaptativos que te ayuden a sentir bien. En el ejemplo del extraño encuentro en el centro comercial hice frente a mi miedo. Afrontarlo me ayudó a dejar de evitar las situaciones de pánico para no reforzar, perpetuar y agravar el miedo.

Ante un miedo no adaptativo, la situación activa una sensación de miedo intensa y molesta. Cuando evitamos dicha situación, automáticamente disminuye el malestar. Esta sensación de relajación sirve para reforzar la conducta de evitación. Esta es la manera en que el miedo se refuerza, se mantiene e incluso se agrava y se generaliza con el paso del tiempo. Por ese motivo es importante gestionar correctamente el miedo disfuncional cuanto antes, para que no se convierta en una fobia.

Existen técnicas psicológicas para afrontarlo, las más utilizadas son:

- Las técnicas de exposición. Consisten en exponerse de forma controlada y prolongada al estímulo que lo activa hasta que disminuye esa aceleración incontrolada. La exposición puede realizarse activando la imaginación, localizarse en presencia del estímulo o mediante dispositivos tecnológicos de realidad virtual. No solo debemos exponernos a los estímulos, también a los propios síntomas controlando lo que produce la activación psicofisiológica (aumento del ritmo cardiaco y respiratorio, sudoración, temblor, etcétera) para no desarrollar miedo al propio miedo.

- La desensibilización sistemática que consiste en exponerse a los estímulos que generan ansiedad de forma gradual y progresiva, de acuerdo a una lista jerarquizada previamente establecida, con el objetivo de reducir la activación psicofisiológica.

Aprendí esta técnica mientras estudiaba psicología y entonces pensé que era una buena idea practicarla utilizando la fobia que le tengo a las serpientes, culebras y reptiles que se arrastran con sus cuerpos. Reconozco que practicarla por entonces no me ayudó, pero quince años más tarde, una mañana cualquiera, salí a tomar café al centro comercial. Es un sitio precioso que habitualmente expone arte moderno de todos los estilos y una alegría para el espíritu que permite contemplar obras de diferentes artistas más o menos consagrados. Cuando entré estaba expectante por ver la exposición de pintura y escultura que se celebra anualmente. Me deleitaba con algunas de las obras mientras tomaba mi café, pero ese día hubo algo que me sorprendió en especial y no fue precisamente para bien. De pronto me fijé en los sitios habituales donde se exponen las obras. Inesperadamente en las paredes podía contemplar una hermosa y temible exposición de reptiles vivos de todos los tamaños, colores y texturas en sus jaulas y vitrinas. Te puedes hacer una idea del pavor que sentí de pronto rodeada de serpientes, cobras, culebras, boas constrictor y, en el centro de todas, yo, cual exquisito manjar a pesar de los gruesos cristales y barrotes. Allí me quedé paralizada. Estuve durante veinte minutos sin moverme cual escultura de la exposición. Empecé a hacer respiraciones profundas y despacito, muy despacito, mis pies reaccionaron solos desplazándome sin hacer mucho ruido y sin despertar a los reptiles que me miraban fijamente. Pero yo no quería fijarme en sus ojos y decidí pensar que estaban dormidos. Poco a poco conseguí alejarme.

Después del tremendo susto, recapacité. Podía aprovechar esta situación para afrontar mi fobia. Así que tomando energía decidí, mientras durara la exposición, visitar el centro comercial practicando la desensibilización. Me iba acercando poco a poco a una vitrina, otro día a dos diferentes, un día a algún pequeño anfibio, otro día a la *boa constrictor* y así, pasito a pasito y respetando mi ritmo de aceptación, fui progresando poco a poco tal y como había aprendido del método Kaizen. En determinado momento pedí ayuda a una amiga para que me acompañara en mi experimento, pues en cualquier momento me podía dar un ataque de pánico y quedarme paralizada por el miedo y el asco que me dan los reptiles. Al principio mi amiga se rio porque le parecía una tontada, pero cuando me miró, no sé qué cara me vería, imagino que de pánico, el caso es que finalmente me acompañó regularmente ayudándome a superar mi miedo. Siempre le estaré agradecida por ese mes tan duro e interesante. Hoy en día puedo acercarme a los reptiles pero no a menos de cincuenta centímetros, lo justo para respetarnos mutuamente.

Igual que en secciones anteriores, en el apartado «Cuaderno de trabajo» puedes encontrar algunos de los ejercicios y meditaciones que he practicado y sigo practicando para aliviar ese sentimiento tan molesto:

- Ejercicio de los miedos
- Liberar el miedo
- Creencias

Cuaderno de trabajo

Ira

Ejercicios:
- Identificar enfados del pasado sin resolver
- Cómo resolver mi enfado
- Siento rabia

Meditaciones:
- Meditación *Sueltarrabias*

Culpa

Ejercicios:
- Siento culpa
- Liberar los sentimientos de culpa
- Debo perdonar

Meditaciones:
- Meditación *El perdón*

Tristeza

Ejercicios:
- Mis momentos difíciles
- Mis emociones
- Emociones adaptativas vs. emociones desadaptativas
- Siento tristeza
- Afrontar la tristeza de la pérdida

Meditaciones:
- Meditación Sueltatristeza
- Meditación *Autoconsuelo*

Miedo

Ejercicios:
- Ejercicio de los miedos
- Liberar el miedo
- Creencias

Ira

Ejercicios:

Identificar enfados del pasado sin resolver.

El enfado nos ayuda a establecer fronteras y límites y nos motiva a decir no. Es importante diferenciar la conciencia del enfado, prestar atención a cómo se siente tu cuerpo y describir en palabras lo que estás sintiendo. Expresar el enfado tiene el objetivo de informar a otros y de ejercer un impacto o influencia sobre ellos. Recuerda:

- Situaciones en las que solo te hayas irritado cuando piensas en ellos y tu enfado va y viene, aunque con el tiempo van perdiendo la capacidad de activarse.

- Acontecimientos que te producen un gran enfado y que cuando piensas en ellos te siguen quemando por dentro y parece que no pierden su intensidad. Generalmente se producen cuando en aquel momento no estabas preparada para darle un sentido, asimilarlo y comprenderlo y, a veces, tampoco te has permitido llorarlo, ni expresarlo. Ten en cuenta que cada enfado no expresado ni resuelto permanece en tu interior en forma de resentimiento convirtiéndose en una barrera para la intimidad.

- Selecciona un suceso, reconoce tu enfado, siente en tu cuerpo esa quemazón. Pueden salir otros sentimientos reprimidos o controlados en exceso.

- Visualiza frente a ti o ante una silla vacía, y siente aquello que te enfada ya sea persona o situación. Dile todo lo que venga a tu mente ya sean sentimientos, emociones…
- Reflexiona sobre tu comportamiento y actitud en la situación que te generó ese enfado. ¿Qué creencias hay bajo tu comportamiento?
- ¿Qué imagen tienes ahora de ti mismo? ¿Cuáles son tus límites? ¿Y tus necesidades?
- ¿Cómo te sientes después de hacer el ejercicio?

Cómo resolver mi enfado

Para cambiar algunas emociones que no son saludables tenemos primero que identificarlas y experimentarlas. El cambio sucede cuando tenemos nuevas experiencias correctivas que retan los sentimientos y las creencias que no son saludables con una nueva sensación que descubre nuestra valía y fortaleza. El enfado es una afirmación de límites personales, claros y firmes, pero sin atacar a nadie.

- Visualiza a la persona con la que estás enfadada y la situación concreta.
- Pasa de «Tú eres la causa de mi enfado» a identificar lo que hay en ti que te lleva a enfadarte. Revisa la situación de nuevo e identifica qué es lo que se desencadena en tu interior, en tu historia emocional. Recuerda situaciones en tu vida en las que te sentiste herido porque no podías conseguir lo que querías. Empieza desde tu infancia.
- Pregúntate: «¿Cuándo ocurrió esto antes en mi vida? Esto me recuerda a…». Revisa tu pasado, párate en cualquier situación que sea similar a la situación actual que te enfurece.
- Visualiza y siente la situación de tu infancia de nuevo, mírala, entra en ella, deja que te afecte. Busca la forma de empatizar contigo mismo. Imagínate como un niño sentado frente a ti. ¿Cómo cuidarías de ese niño que está sufriendo? Recuerda que el niño seguirá sufriendo hasta que sientas empatía por ti mismo.
- Mientras sientes tu dolor en esa situación, busca lo que de verdad estabas necesitando y deseando.

- ¿Te lo darías ahora? ¿Eres capaz de proporcionártelo ahora o quieres continuar insistiendo en que sea la otra persona la que te facilite todo lo que necesitas? Puedes seguir enfadado con el otro y continuar resentido o menos enfadado proporcionándotelo tú mismo. Tú eliges.
- Si estás dispuesto a concederte aquello que la otra persona no te dio o a hacer lo que no hizo por ti, pregúntate. ¿Cuándo, dónde, y cómo me voy a permitir eso o hacer esto por mí en las próximas semanas o meses? Elabora un plan para conseguir tus objetivos y mantén tus promesas.
- Visualízate proporcionándote todo aquello que necesitas.

Siento rabia

Cuando sentimos ira deseamos embestir para herir y detener a los demás, pero vacilamos. Podemos atacar o no. Nuestro cuerpo tiene energía, está menos contraído, y a menudo las emociones pueden ser muy intensas y explosivas. Nuestra mente está un poco saturada pero sigue con los ruidos, la tozudez y la obsesión. Nuestras imágenes se refieren a la destrucción y a lo que vamos a hacer a los demás. Nuestros pensamientos se ocupan de cómo conseguir que se nos haga justicia, y que los otros paguen. Esta fuerza nos puede asustar, y puede provocar que nos obliguemos a retroceder a experiencias de menor grado de energía, incluso hasta infligimos daño. Las acciones que emprendemos son en su mayoría destructivas para nosotros y para quienes nos rodean.

Palabras y expresiones que describen la ira:

acalorado	agresivo	airado	a punto de estallar	amargado
brusco	cáustico	celoso	colérico	desafiante

díscolo	discutidor	duro	enardecido	enfadado
frustrado	furibundo	furioso	hostil	huraño
inmisericorde	instintos asesinos	iracundo	irritado	loco
mezquino	obstinado	odioso	perverso	petulante
rebelde	resentido	riguroso	salvaje	severo
vengativo	vicioso	violento	volcánico	ardiente
beligerante	despiadado	implacable	destructivo	exigente
explosivo	impaciente	indignado	maleducado	malicioso
prepotente	rabioso	soliviantado	testarudo	despechado

Dedica unos minutos a recordar la última vez que sentiste ira, luego piensa un momento en el sentimiento que ese recuerdo te produce. Si no encuentras las palabras, quizás las expresiones del cuadro te puedan ayudar a encontrarlas. Céntrate en la persona o situación y reflexiona:

- Vas a expresar tus sentimientos, pero antes reflexiona:
  - ¿Sabes ya lo que quieres? ¿Cuál es tu alternativa?
  - Lo que estás sintiendo es…
  - Lo que viste que el otro hacía es…

- Lo que quieres es…
- Lo que el otro podría hacer o debería haber hecho para ayudar fue…
- Imagina aquello que te hace enfadar:
  - Si tu rabia fuera un animal, ¿qué animal sería?
  - Si tú rabia fuera una planta, ¿qué planta sería?
- ¿En qué parte de tu cuerpo la sientes?
- Después de leer tus respuestas, evalúa del 1 al 10 la intensidad de tu enfado u odio.
- Identifica lo que dispara tu enfado. ¿Cómo lo expresas? ¿Cómo te gustaría expresarlo?
- La persona o situación causante del daño, ¿te recuerda a alguien que también te hizo daño en el pasado? Recuerda qué pasó y cómo te sientes.
- ¿Por qué crees que te sientes todavía dolido?
- Cómo actúa tu rencor en tu vida: ¿te paraliza o te motiva?
- ¿Has pensado en el perdón como un medio para liberar la energía negativa adherida a tu cuerpo? Si la respuesta es no, ¿por qué? Si la respuesta es sí, ¿qué ideas te han motivado para pensar en el perdón como medio para liberar tu dolor?
- ¿Cómo crees que se puede ver afectada tu salud si tu odio se vuelve crónico?
- Reflexiona y tómate el tiempo que necesites, tu enfado es una lucha entre «yo puedo» y «yo no puedo». Busca en tu interior ese «yo puedo» que te ayude a salir de la lucha, con una acción positiva hacia ti mismo.
- Escribe una carta dirigida al causante de tu dolor en la que le comuniques lo que has descubierto y cómo te sientes. Esta carta puedes entregarla al causante de tu dolor, guardarla o destruirla.

Meditaciones recomendadas:

Meditación *Sueltarrabias*
Para que tu rabia no se cronifique, te propongo hacer una visualización muy sencilla en la que vas a mantener una conversación con *esa*

parte tuya que está rabiosa e iracunda para comprender cuál es su papel en tu vida.

Con los ojos cerrados, respira hondo varias veces. Imagínate que al expirar te desprendes de las tensiones y preocupaciones de tu cuerpo y de tu mente... Imagínate que al inspirar, asimilas la energía que te rodea... Con cada respiración vas a profundizar más y más en tu estado de relajación... Relaja los músculos de la cara y de la mandíbula. Libera toda la tensión y la rigidez que sientes... Relaja los músculos del cuello y de los hombros, imagina que exhalas todo el peso que sientes o percibes. Relaja los brazos... los músculos de la espalda, tanto de la parte superior como la parte inferior... Al exhalar libera toda la tensión y la rigidez que sientes... Relaja los músculos del estómago y del abdomen, siente cómo la respiración te ayuda a relajarte... Ahora céntrate en los músculos de las piernas, para que así todo tu cuerpo pase a un estado de paz profunda.

Utiliza los ruidos del exterior y las distracciones para profundizar aún más en ese nivel de serenidad.

Imagina que tienes por encima de tu cabeza una luz sanadora. Puedes elegir el color o los colores. Esa luz te va a ayudar a sanar tu cuerpo y lo va a relajar... Permite que la luz fluya por tu cuerpo desde la parte superior de la cabeza, observa cómo ilumina el cerebro y la médula espinal, va sanando esos tejidos y continúa... Deja que la luz siga fluyendo hacia abajo, como una onda luminosa que toca todas las células, todas las fibras y todos los órganos del cuerpo con paz y amor. En todos aquellos puntos en los que tu cuerpo necesite sanación, haz que la luz sea muy fuerte, muy potente...

[Pausa de quince segundos.]

Ahora imagina que el resto de la luz fluye hasta llegar a tus pies, llenando todo tu cuerpo... Cómo te rodea como si estuvieras dentro de una burbuja que te protege, que sana tu piel y que te relaja cada vez más...

Voy a contar hacia atrás del veinte al uno, cada número te va a ayudar a profundizar un poco más en el estado de relajación al tiempo que visualizas cómo bajas unas escaleras que te llevan hasta tu corazón... Veinte... diecinueve... dieciocho... te sientes cada vez más relajado y tranquilo... Diecisiete... dieciséis... quince... tus piernas, tronco y extremidades están cada vez más y más relajados... Catorce... trece... doce... con cada escalón que desciendes te sientes más profundamente relajado y tranquilo... Diez ... nueve... ocho... más y más relajado... Siete... seis... cinco... más profundamente relajado, más profundamente tranquilo... Cuatro... tres... dos... Estás más y más calmado, sereno... Uno... ya has llegado.

Estás veinte veces más profundamente relajado que antes. Frente a ti hay una puerta, ordenas que se abra la puerta de tu corazón... Respira y entra en un espacio lleno de luz, allí está tu espejo interno... Avanza y observa con todo lujo de detalles la sala... Te sientes muy tranquilo... Continúas avanzando y observas el espejo, su marco... Respiras y te sientes tranquilo. Visualiza que te sitúas frente a él y contempla tu reflejo... Con cariño preguntas: «¿Qué me pasa?», y observas... «¿Por qué tengo tanta ira? ¿De dónde procede? ¿Qué necesito?». Respira y escucha...

[Pausa de cinco minutos.]

Coméntale: «Eres parte de mí y te acepto tal y como eres». Le tiendes una mano a través del espejo invitándole a salir con cariño... Respira... Una vez fuera del espejo te abrazas a tu imagen repitiéndole «Te amo y te acepto, formas parte de mí y de mi vida y siempre estarás conmigo. A partir de ahora me comprometo a escucharte antes de que chilles... ya no es necesario... siempre te escucho». Respira... con la intención de fundiros en uno... Respira... siente cómo te vas fundiendo... Visualiza cómo te has fusionado en uno.

[Pausa de cinco minutos.]

Repítelo hasta que sientas que eres uno...

Visualiza cómo avanzas hacia la puerta del corazón... es tiempo de regresar. A medida que voy contando de uno hasta veinte, irás despertándote progresivamente. Cuando llegue a veinte podrás abrir los ojos y te sentirás muy relajado, tranquilo, muy despierto y consciente: uno...dos... tres... comienza a sentir tus piernas despertando... Cuatro... cinco... seis... tus brazos despiertan... Siete... ocho... nueve... tu cuerpo despierta... Diez... once... permites fluir por todo tu ser una sensación de paz... Doce... trece... permítete sentir amor... Catorce... quince... dieciséis... te sientes cada vez mejor... Diecisiete... dieciocho... es como si sonara el despertador por la mañana. Diecinueve...

vas despertando… Veinte… después de una respiración profunda y cuando estés preparado... despierta y abre los ojos.

Bienvenido.

Culpa

Siento culpa

La culpa es un sentimiento que nos martiriza y rara vez nos paramos a reflexionar sobre ella. Este ejercicio es una oportunidad para que analices tu culpa y elegir qué hacer con ese sentimiento.

- Eres responsable de las decisiones que tomas, pero: ¿te permites equivocarte en las decisiones que tomas? ¿Por qué?
- ¿Crees que el resultado de tus decisiones depende solo de ti? ¿Por qué?
- Debemos asumir que las cosas no están por completo en nuestras manos. Escribe una relación de aquellas situaciones en las que te sientes culpable.
- En esa relación que has escrito, ¿quién se sentirá o se siente herido por tu causa? Y ¿por qué?
- En cada una de esas situaciones, ¿quién es el responsable?
- En las respuestas anteriores, ¿reconoces alguna de las frases culpabilizadoras que oías a tus mayores? Escríbelas.
- Vamos a ser creativos para trabajar la culpa. Imagina que tu culpa es un pequeño señor, un dibujo, un insecto… Visualízalo frente a ti con un cartel que pone «señor llamado Culpa», y dile:
  - Te acuso de…
  - Lo que siento hacia ti por lo que has hecho es…
  - Mi modo de castigarte es (en caso de que quieras hacerlo).
  - La norma que has transgredido es…
  - ¿Por qué la has incumplido? Busca un acuerdo, otra forma de cumplir.
- Reflexiona:
  - Me he sentido culpable cuando…
  - ¿Cómo me siento cuando creo que yo soy culpable?

- ¿En qué hechos, pensamientos, actitudes se apoya mi sentimiento de culpa?
- ¿Qué alimenta mi sentimiento de culpa?
- ¿Por qué siento culpa?
- ¿Cómo puedo superarla?
- Escribe una lista con los permisos o derechos que te vas a dar a partir de ahora.
- ¿Entre tu lista de derechos, está tu derecho a equivocarte?
- ¿Qué aprendiste de pequeño sobre la posibilidad de cometer errores?
- ¿Piensas ahora lo mismo?
- Reflexiona y escribe:
  - Me acuso de…
  - Sin embargo no tengo la culpa de…
- La culpa supone una inmovilidad de la persona… ¿Qué harías si no te sintieras culpable?
- ¿En qué aspectos de tu vida sientes que estás atascado?
- Elige una situación concreta que deseas cambiar. ¿Cómo lo vas a hacer?
- Escribe qué haces habitualmente para reducir el malestar que sientes.
- ¿Qué puedes hacer para cambiarlo? Describe tu plan de acción.
- ¿Cómo te sientes?
- Para finalizar, y después de haber contestado a las preguntas, reflexiona y escribe… No soy culpable de…

Recuerda: la culpabilidad vamos a entenderla como responsabilidad, por lo tanto a partir de ahora vas a recordar: «Yo soy responsable de las decisiones que tomo».

Cómo liberar los sentimientos de culpa

Contemplar la culpa y la vergüenza desde una nueva perspectiva no solo te va a abrir nuevas oportunidades en la vida, sino que estoy segura de que ahora te resulta mucho más fácil ocuparte de estos sentimientos opresivos y liberarlos.

Libera tus deseos más profundos.

Como parte del síndrome de la protección debida al autocastigo, intentamos usar nuestros sentimientos de culpa para conseguir la aprobación, el control o la seguridad. La palabra «usar» te puede ayudar a asumir la responsabilidad de tener el sentimiento de culpa y posteriormente soltarlo con mayor facilidad.

- ¿Estoy usando esta culpa/vergüenza para conseguir la aprobación, el control o la seguridad?
- ¿Podría soltar el deseo de aprobación, control o seguridad?
- ¿Podría soltar el deseo de usar de esta forma la culpa?

Decide que ya te has estado castigando lo suficiente.

Otra buena forma de liberar la culpa es decidir que ya te has estado castigando lo suficiente, y luego, soltar el deseo de castigarte. Pregúntate:

- ¿Podría permitirme decidir que ya me he castigado bastante?
- ¿Podría soltar el deseo de castigarme?
- ¿Podría dejar de pensar en castigarme de nuevo en el futuro?

Evalúa las ventajas y los inconvenientes.

Recuerda que es mejor formular las preguntas en pasado para permitir que la libertad se produzca AHORA. Para ello hazte las preguntas alternando entre:

- ¿Qué ventaja me supuso castigarme?
- ¿Qué inconveniente me supuso castigarme?

Acepta tus auténticos sentimientos sobre lo ocurrido.

La culpa se convierte en persistente cuando a veces simulamos sentirnos culpables, aunque en secreto pensamos: «Lo hice. Estoy contento de haberlo hecho. Y lo haría de nuevo». Si alguna vez caes en esta trampa, reconocer la verdad de tus sentimientos liberará gran parte de tu culpa. Después, el equilibrio de esta se puede liberar preguntando: «¿Podría soltar el deseo de hacerlo de nuevo?».

Debo *perdonar* a...

Uno de los actos que he comprobado que más alivian es el perdón. Perdonar para aligerar mi sensación de pesadez y asumir la responsabilidad de mis actos. Este ejercicio te da la posibilidad de reflexionar sobre ello y decidir qué hacer: si perdonar o no.

- ¿Quién te ha hecho daño? Empieza por la persona hacia la que sientas más rabia, o si te resulta más fácil, empieza por la infancia hasta el momento actual.
- ¿Cómo valorarías la intensidad de tu herida en una escala del 1 al 10?
- En qué acción o situación quieres concentrarte. Elige una herida determinada.
- Recuerda con detalle la situación elegida para ver cómo fuiste herido, qué hora era, dónde estabas, qué tiempo hacía, cómo vestía la otra persona, cómo hablaba contigo.
- ¿Quién fue culpable? ¿Crees que contribuiste tú de alguna forma?
- ¿Has hecho algo para favorecer la confrontación? (Tenías un mal día, sois poco sensibles...)
- ¿Crees que tu enfado está justificado? ¿Qué sentimientos tienes hacia esa persona?
- ¿Se portó el otro realmente mal o es una percepción tuya?
- ¿Es posible que hayas entendido algo mal de esa situación o persona?
- ¿Has decidido demasiado deprisa que el otro ha obrado mal en esa situación?
- ¿Tenías demasiadas expectativas sobre la situación y sobre la persona?
- ¿Crees que tenía la otra persona un buen motivo para comportarse de esa forma?
- Después de ver tus respuestas, ¿sigues queriendo perdonar a esa persona?
- ¿Cómo crees que te sentirás cuando finalices el proceso de perdón?
- ¿Qué crees que cambiará en tu estado de ánimo?

- En caso negativo, tienes resistencias. Para desbloquearlas, escribe una carta a esa parte tuya que no le ve el sentido a perdonar. Explícale por qué es importante el perdón, sus ventajas sobre la salud y el bienestar. Recuerda las veces que te han perdonado a ti y cómo te sentías; pero también refleja en la carta las dificultades de decidirte por este acto. Para terminar, agradece que haya ocurrido, si no quizás no hubieras aprendido.
- ¿Qué has aprendido sobre el perdón?
- ¿Qué has aprendido sobre esa situación?, y ¿de las personas que has perdonado?

Meditación recomendada: *El perdón.*

Para que tu rencor no se cronifique, te propongo hacer una visualización muy sencilla en la que vas a mantener una conversación con *la persona a la que tienes que perdonar y a quien tienes que pedir perdón* por los pensamientos, actitudes y acciones que has realizado contra ella o contra él. Recuerda que también debes perdonarte a ti mismo.

Con los ojos cerrados, respira hondo varias veces. Imagínate que al expirar te desprendes de las tensiones y preocupaciones de tu cuerpo y de tu mente... Imagínate que al inspirar, asimilas la energía que te rodea... Con cada respiración vas a profundizar más y más en tu estado de relajación... Relaja los músculos de la cara y de la mandíbula. Libera toda la tensión y la rigidez que sientes... Relaja los músculos del cuello y de los hombros, imagina que exhalas todo el peso que sientes o percibes. Relaja los brazos... los músculos de la espalda, tanto de la parte superior como la parte inferior... Al exhalar libera toda la tensión y la rigidez que sientes... Relaja los músculos del estómago y del abdomen, siente cómo la respiración te ayuda a relajarte... Ahora céntrate en los músculos de las piernas, para que así todo tu cuerpo pase a un estado de paz profunda...

Utiliza los ruidos del exterior y las distracciones para profundizar aún más en ese nivel de serenidad.

Imagina que tienes por encima de tu cabeza una luz sanadora. Puedes elegir el color o los colores. Esa luz te va a ayudar a sanar tu cuerpo y lo va a relajar... Permite que la luz fluya por tu cuerpo desde la parte superior de la cabeza... Observa cómo ilumina el cerebro y la médula espinal, va sanando esos tejidos y continúa... Deja que la luz siga fluyendo hacia abajo, como una onda luminosa que toca todas las células, todas las fibras y todos los órganos del cuerpo con paz, con amor. En todos aquellos puntos en los que tu cuerpo necesite sanación, haz que la luz sea muy fuerte, muy potente...

[Pausa de quince segundos.]

Ahora imagina, que el resto de la luz fluye hasta llegar a tus pies, llenando todo tu cuerpo..., cómo te rodea como si estuvieras dentro de una burbuja que te protege, que sana tu piel y que te relaja cada vez más...

Voy a contar hacia atrás del veinte al uno, cada número te va a ayudar a profundizar un poco más en el estado de relajación al tiempo que visualizas cómo bajas unas escaleras que te llevan hasta tu corazón... Veinte... diecinueve... dieciocho... te sientes cada vez más relajado y tranquilo... Diecisiete... dieciséis... quince... tus piernas, tronco y extremidades están cada vez más y más relajados... Catorce... trece... doce... con cada escalón que desciendes te sientes más profundamente relajado y tranquilo... Diez ... nueve... ocho... más y más relajado... siete... seis... cinco... más profundamente relajado, más profundamente tranquilo... Cuatro... tres... dos... estás más y más calmado, sereno... Uno... ya has llegado.

Estás veinte veces más profundamente relajado que antes. Ordenas que se abra la puerta de tu corazón...

Visualiza un gran teatro, entra en él y avanza por tu Teatro del Perdón, con butacas rojas de terciopelo, farolillos, un hermoso escenario, un telón granate... Respira... Enfoca tu atención en el escenario, es de madera oscura, con focos que iluminan una silla situada justo en el centro... Respira... estás relajado... te sientes bien... Avanzas hacia la primera butaca de la primera fila... Y te sientas... Se apagan las luces y se abre el telón... respira... Repite en voz alta «La persona que necesito perdonar es... » (en voz alta, dices el nombre y apellidos de la persona que tienes que perdonar, puedes ser tú, tu padre, tu madre, pareja...), y la visualizas en el escenario sentándose en una silla que hay en el centro e iluminada por un foco de luz. A continuación repites «**te perdono**

por... ». Concéntrate en lo primero que venga a tu mente, deja que los recuerdo afloren... respira...

Expresa en voz alta ese sentimiento, pensamiento, percepción, etc. A continuación dices «**te perdono, te libero y te dejo marchar**»... Respira... Con la intención de liberar ese sentimiento, lo repites tantas veces como necesites hasta que te sientas más libre, más tranquilo... Lo repites hasta que sientas que no tienes nada más que soltar.

Es hora de reconocer que no eres una santa o un santo, y bien consciente o inconscientemente también has hecho daño al otro y a ti mismo, ya sea con pensamientos, con acciones, con palabras...

Con la misma persona sentada en el escenario, avanzas hacia él/ella y en el escenario frente a la otra persona le dices «**yo te pido perdón por...**» y permites liberar todos los sentimientos y pensamientos que te afloren. Y repites «**ahora me perdono, me libero y me dejo marchar**». Respira... Repítelo hasta que sientas que no te guardas ningún sentimiento y emoción que te cause dolor.

Cuando te sientas sereno, y que ya no vienen a tu mente ni a tu corazón ningún pensamiento, situación o percepción, pasada o presente, le dices «te quiero y gracias por todo». Respira... Tómate unos minutos para sentir tu cuerpo... Céntrate en tu corazón... siente cómo palpita, su amplitud, su sosiego... Respira... Continúa repitiendo esta secuencia el tiempo necesario para liberar de tu corazón los sentimientos y recuerdos negativos.

Es tiempo de regresar, visualiza cómo bajas del escenario y avanzas hacia la puerta del corazón... vas a despertar. A medida que voy contando de uno hasta veinte, irás despertándote progresivamente. Cuando llegue a veinte podrás abrir los ojos y te sentirás muy relajado, tranquilo, muy despierto y consciente: uno...dos... tres... comienza a sentir tus piernas despertando... Cuatro... cinco... seis... tus brazos despiertan... Siete... ocho... nueve... tu cuerpo despierta... Diez... once... permites fluir por todo tu ser una sensación de paz... doce... trece... permítete sentir amor... Catorce... quince... dieciséis... te sientes cada vez mejor... Diecisiete... dieciocho... es como si sonara el despertador por la mañana... Diecinueve... vas despertando... Veinte... después de una respiración profunda y cuando estés preparado... despierta y abre los ojos.

Bienvenido.

Después de esta meditación reflexiona:

- ¿Qué es lo que me resulta tan difícil perdonar?, ¿a quién? ¿Por qué?
- ¿Qué me retiene para no perdonar a esa persona? ¿A qué me aferro, una creencia, un sentimiento?
- ¿Qué me supone perdonarle?
- ¿Cuál es la creencia (pensamiento) que la alimenta?
- ¿Quiero, de verdad, cambiar la antigua creencia?: por ejemplo, «no me merezco ser perdonada» por «me merezco lo mejor del mundo».
- ¿Hasta qué punto soy capaz de renunciar a mis antiguas creencias a cambio de la nueva sensación de libertad que me trae el perdón? ¿Qué me retiene? ¿A qué tengo miedo?

Tristeza

Meditación recomendada: *Autoconsuelo*.

Para que tu tristeza no se cronifique, te propongo hacer una visualización muy sencilla en la que vas a alejar de tu mente la situación o la persona que te genera ese sentimiento paralizante y, de esa forma, continuar tu vida.

Con los ojos cerrados, respira hondo varias veces. Imagínate que al expirar te desprendes de las tensiones y preocupaciones de tu cuerpo y de tu mente... Imagínate que, al inspirar, asimilas la energía que te rodea... Con cada respiración vas a profundizar más y más en tu estado de relajación… Relaja los músculos de la cara y de la mandíbula. Libera toda la tensión y la rigidez que sientes... Relaja los músculos del cuello y de los hombros, imagina que exhalas todo el peso que sientes o percibes. Relaja los brazos... los músculos de la espalda, tanto de la parte superior como la parte inferior... Al exhalar libera toda la tensión y la rigidez que sientes... Relaja los músculos del estómago y del abdomen, siente cómo la respiración te ayuda a relajarte... Ahora céntrate en los músculos de las piernas, para que así todo tu cuerpo pase a un estado de paz profunda...

Utiliza los ruidos del exterior y las distracciones para profundizar aún más en ese nivel de serenidad.

Imagina que tienes por encima de tu cabeza una luz sanadora. Puedes elegir el color o los colores. Esa luz te va a ayudar a sanar tu cuerpo y lo va a relajar... Permite que la luz fluya por tu cuerpo desde la parte superior de la cabeza... Observa cómo ilumina el cerebro y la médula espinal, va sanando esos tejidos y continúa... Deja que la luz siga fluyendo hacia abajo, como una onda luminosa que toca todas las células, todas las fibras y todos los órganos del cuerpo con paz, con amor. En todos aquellos puntos en los que tu cuerpo necesite sanación, haz que la luz sea muy fuerte, muy potente...

[Pausa de quince segundos.]

Ahora imagina, que el resto de la luz fluye hasta llegar a tus pies, llenando todo tu cuerpo..., cómo te rodea como si estuvieras dentro de una burbuja que te protege, que sana tu piel y que te relaja cada vez más...

Voy a contar hacia atrás del veinte al uno, cada número te va a ayudar a profundizar un poco más en el estado de relajación al tiempo que visualizas cómo bajas unas escaleras que te llevan hasta tu corazón... Veinte... diecinueve... dieciocho... te sientes cada vez más relajado y tranquilo... Diecisiete... dieciséis... quince... tus piernas, tronco y extremidades están cada vez más y más relajados... Catorce... trece... doce... con cada escalón que desciendes te sientes más profundamente relajado y tranquilo... Diez... nueve... ocho... más y más relajado... Siete... seis... cinco... más profundamente relajado, más profundamente tranquilo... Cuatro... tres... dos... estás más y más calmado, sereno... Uno... ya has llegado.

Estás veinte veces más profundamente relajado que antes. Frente a ti hay una puerta, ordenas que se abra la puerta de tu corazón... Haces una respiración profunda y entras en un espacio lleno de luz.

En dicho espacio, visualiza el mapa del mundo, con todos los países, cada uno de un color diferente, y te sitúas en la provincia del país donde vives, y junto a ti, está la persona o aquello que quieres alejar de tu vida. Con la ayuda de la respiración, al exhalar, sitúa a la persona o situación, emoción, pensamiento que deseas alejar, a la que te provoca un sentimiento de desasosiego, una provincia más alejada, y respira...

Repítelo, al exhalar, envíala a otra provincia más alejada... Así hasta que la envíes a otro país, y continúa respirando... Y la alejas enviándola a otro país más lejano hasta que sientas que no te provoca ningún desasosiego, que empiezas a sentir paz y serenidad en tu interior... Y continúa respirando... repitiéndolo hasta que solo visualices un pequeño punto negro... Imagina que en tu mano tienes una goma de borrar y borras del mapa ese punto, lo borras y lo borras hasta que desaparezca. Respira...

Ahora te sientes más tranquilo, y llamas a tu ángel de la guarda, le pides que te rodee con su potente luz en un gran abrazo de amor incondicional... y respira... Visualiza a tu ángel envolviéndote en una nube rosada... Respira y permítete sentir esa agradable sensación de consuelo, de amor, de seguridad... Quédate en ese estado hasta que lo desees...

[Pausa de cinco minutos.]

Visualiza cómo avanzas hacia la puerta del corazón... es tiempo de regresar. A medida que voy contando de uno hasta veinte, irás despertándote progresivamente. Cuando llegue a veinte podrás abrir los ojos y te sentirás muy relajado, tranquilo, muy despierto y consciente: uno... dos... tres... comienza a sentir tus piernas despertando... Cuatro... cinco... seis... tus brazos despiertan... Siete... ocho... nueve... tu cuerpo despierta... Diez... once... permites fluir por todo tu ser una sensación de paz... Doce... trece... permítete sentir amor... Catorce... quince... dieciséis... te sientes cada vez mejor... Diecisiete... dieciocho... es como si sonara el despertador por la mañana... Diecinueve... vas despertando... Veinte... después de una respiración profunda y cuando estés preparado... despierta y abre los ojos.

Mis *momentos difíciles*

A veces tenemos momentos muy difíciles y los superamos, sin embargo hay otras veces que volvemos a vivir situaciones complejas y tenemos la sensación de que no somos capaces de superarlas. Es en ese momento cuando tenemos que recordar las que hemos superado gracias a nuestras capacidades, esfuerzos y constancia. En este ejercicio quiero que recuerdes esos momentos y tomes conciencia de que eres capaz de superar las situaciones complicadas que encuentras en tu vida.

- Escribe como si fuera una historia, aquellos momentos difíciles a los que te has enfrentado, ya sean heridas psicológicas, pérdidas, frustraciones, crisis que hayas tenido que superar, trastornos graves, adicciones, malos tratos, abusos... Recuerda los momentos en los que has sentido desesperación, falta de esperanza o soledad...
- ¿Has superado y sanado esas heridas? ¿Cómo lo has hecho?
- ¿Ha quedado algo de ellas en tu vida? Descríbelo.
- ¿Te sientes más fuerte? ¿En qué aspectos?
- ¿Qué haces para que no te vuelva a pasar?
- ¿Tienen esas heridas y tus medidas preventivas alguna repercusión sobre tus relaciones personales?
- Qué debería saber tu pareja acerca de «tus heridas» psíquicas para que te pueda entender mejor.
- ¿Qué es para ti la felicidad? Defínela.
- ¿Crees que eres lo suficientemente feliz? ¿Por qué?
- ¿Qué estás haciendo para conseguirla? Define tu plan de acción.

Mis emociones.

Identificar, conocer y comprender las emociones nos ayuda a afrontarlas y a superarlas. En este ejercicio vamos a analizar cómo son tus emociones.
- ¿Cómo es uno de tus días malos? Identifica las causas que lo han producido así como la creencia que hay debajo. Recuerda que puede encontrarse en tu infancia.
- ¿Cómo era la vida familiar en casa?
- ¿Te sentías amado, comprendido y apoyado?
- ¿Cuáles eran los temas de discusión con tus mayores?
- ¿Qué frases negativas te repetían tus padres? ¿Cómo te sentías al escucharlas?
- ¿Cómo expresas tu enfado?
- ¿Cómo expresas tu rabia?
- Escribe una carta dirigida a la persona con la que estés furioso expresándole cómo te sientes. Visualízala delante de ti y deja salir toda esa rabia de tu interior diciéndole todo lo que piensas y que

nunca le has dicho. Repite el ejercicio hasta que sientas que la intensidad de la rabia va desapareciendo. Cuando termines, entierra la carta, quémala, tírala, en definitiva, aléjala de ti.

- ¿Cómo expresas tu tristeza?
- ¿Qué llevas en tu mochila? Escribe en un papel todo aquello que te disgusta, lo que te molesta, lo que te hirió y, cuando termines, léelo varias veces hasta estar seguro de que no te dejas ningún otro recuerdo. Luego destrúyelo.
- Escribe una lista de situaciones, cosas, actividades, que te hacen sentir alegre o que recuerdes que te gustaba hacer cuando eras niño. Ahora señala aquellas que todavía puedes realizar ya sea solo o en compañía. Escribe cómo te has sentido.
- ¿Cómo expresas tu alegría?
- ¿Qué sentimientos expresas ADEMÁS de los que aparecen en la tabla? ¿Qué función tienen en tu vida? (Ejemplo: como mecanismo de defensa, muletilla…)

desprecio	tristeza	miedo
vergüenza	alegría	ira
curiosidad	sorpresa	amor

- ¿Te ríes a menudo?
- ¿Cuáles son tus deseos? Prioriza y proyecta un plan de acción para conseguirlos. Si no sabes por dónde empezar te recomiendo el «Método Maquebo», que podrás encontrar en mi web esthervaras.com.
- ¿Te consideras generoso? ¿Has sentido satisfacción cuando has dado sin esperar nada a cambio, o siempre exiges que te lo devuelvan?
- ¿De qué te sientes culpable? Escribe una lista de cosas que has hecho y de las que te arrepientes, tómate tu tiempo. Léela y mira si puedes arreglar alguna de las situaciones. Si no puedes, repáralo

ayudando en una situación similar a otra persona. Si no, perdónate y comprométete contigo mismo a actuar de forma diferente cuando la vida te dé otra oportunidad. Cuando termines el análisis entierra esa lista en un lugar bonito o al lado de flores o naturaleza para que puedas asociar esa acción a un concepto de crecimiento bello y positivo.

- ¿Tienes identificados tus miedos? Escríbelos en un papel o en pequeños papelitos y luego haz un fuego seguro de forma que vayas desechando uno a uno tus miedos y, mientras observas cómo se queman, repítete «Me libero de mi miedo a...».
- ¿Has aprendido de todas estas reflexiones sobre ti? Felicítate dándote las gracias por lo que has conseguido, por tus cambios, por tus logros, por tus cualidades positivas. ¿Cómo te sientes después de todo?

Emociones adaptativas vs. emociones desadaptativas

Generalmente, nos resulta más difícil reconocer y dar nombre a las emociones adaptativas que a las desadaptativas. Esta incapacidad para reconocerlas es en cierto modo responsable de nuestra dificultad para experimentarlas. La emoción se define como un estado complejo del organismo que se caracteriza por una excitación o perturbación que nos predispone a una respuesta organizada.

Vamos a identificarlas y, para ello:
- Escribe en una columna las emociones adaptativas y en otra, las desadaptativas, según te vienen a la cabeza. Comprueba si hay diferencias en la cantidad y facilidad con que te vienen a la mente, entre unas y otras.
- Señala las tres **emociones adaptativas** que quieras sentir más a menudo. Por orden de prioridad.
  - De esas emociones, escribe por lo menos dos condiciones que necesitas para sentirlas (tiene que suceder, tengo que…).
  - Léelo, ¿eres muy exigente? ¿Eres justo contigo mismo?
  - ¿Cómo puedes hacer que sea más fácil sentir esas emociones?

Piensa y escribe dos condiciones que te ayuden a sentirlas más fácilmente.

- Señala las tres **emociones desadaptativas** que quieras dejar de sentir. Por orden de prioridad.
  - De esas emociones, escribe por lo menos dos situaciones o pensamientos que las activan.
  - Léelo, ¿eres muy exigente? O ¿es muy fácil que las sientas?
  - Piensa y escribe dos condiciones o situaciones que tendrían que suceder para subir el nivel de dificultad y conseguir que esas emociones no se activen tan fácilmente.
- Selecciona una emoción adaptativa y elabora una lista con las cinco situaciones en las que puedas sentir esa emoción en tu vida personal y cinco en tu vida laboral.
- ¿Te ha costado mucho?

Sentimientos positivos

Si el sentimiento se relaciona con la emoción, es más duradero. *Es una actitud originada a partir de una emoción pero que perdura*. Está filtrado por la razón y consiste en una percepción sensorial. Algunos autores dicen que es el componente cognitivo de la emoción. Esta respuesta está mediada por neurotransmisores: dopamina, noradrenalina y serotonina.

Piensa en una persona hacia la que sientas rencor, o con quien estés enfadado, de tu vida privada o laboral si trabajas.

- Durante unos minutos escribe todos los sentimientos que te invaden al pensar en esa persona... Deja que fluyan de forma automática.
- Ahora céntrate en lo que has aprendido de ella/él (puede ser algo que no quieres en tu vida, algo que quieres o algún rasgo de personalidad que no aceptas).
- ¿Has apuntado algún sentimiento positivo?
- ¿Qué has notado en tu cuerpo mientras lo escribías?
- Céntrate en ese pensamiento agradable… siéntelo... ¿Cómo te sientes?
- ¿Te resulta difícil experimentar sentimientos positivos en la vida?

Nosotros tenemos la elección

Hemos visto que nuestros pensamientos generan actitudes y comportamientos determinados. Es cierto que no podemos cambiar el pasado, pero sí nuestra actitud. Podemos reinterpretar una situación que nos dolió y destacar sus aspectos positivos, así liberaremos el rencor, el dolor. Para ello:

- Recuerda un acontecimiento en tu vida personal o laboral que en su momento valoraras de forma negativa. Escribe la historia exagerando tu decepción, tu sentimiento, tu enfado o tu dolor.
- En otra hoja, escribe la historia de nuevo pero ahora con una interpretación positiva. Recuerda y destaca cómo ese hecho ayudó a otras personas implicadas a aprender algo y a tomar otras actitudes...

Reflexiona si:[1]
- ¿Puedes identificarte con las dos historias?
- ¿Cómo ha cambiado tu actitud frente al acontecimiento?
- ¿Qué historias negativas cuentas con frecuencia?
- ¿Qué beneficios tendrías si renunciaras a tus interpretaciones negativas?
- ¿Por qué crees que las historias negativas limitan tu espacio de acción y tu capacidad para aprender cosas?
- ¿Qué grandes historias negativas llevas contigo? Elige una e intenta escribir la misma historia con una interpretación positiva.
- Después de leerla, ¿cómo te sientes?

---

[1] *Ejercicio basado en la teoría de las emociones de Leslie S. Greenberg.*

Siento *tristeza*

Los sentimientos son una valiosa fuente de información acerca de lo que nos ha sucedido y de lo que queremos. Nos ayudan a reflexionar sobre la importancia que esa persona, o aquello que hemos perdido, tenía en nuestra vida. La tristeza es una petición de consuelo sin exigencia.

- Identifica la emoción. Lo principal para conseguir una adecuada gestión de la tristeza es identificar cómo nos estamos sintiendo en ese momento. A veces las emociones son confusas, y nos hacen dudar entre rabia o frustración. Selecciona una situación triste de tu vida.
- Determina el motivo de la emoción. Una vez que hayas establecido que la tristeza te agobia será el momento de encontrar el motivo de esa emoción. Es decir, hallar su detonante. Para ello es necesario que seas honesto contigo mismo. Pregúntate, respecto a la situación que has seleccionado, ¿estoy evadiendo aquello que me molesta? ¿Estoy haciendo lo que me gusta? ¿Qué es exactamente lo que me hace sentir mal?
- Establece cada cosa cuando ocurre. Es importante establecer la intensidad de la tristeza para saber si se está volviendo un problema, o si está dentro de los parámetros de la normalidad. Para ello, observa cuántas veces durante el día te sientes triste o desanimado. Regístralo en tu cuaderno de trabajo. Si el sentimiento se mantiene durante muchos días seguidos, estaríamos ante un problema del estado de ánimo y lo mejor será buscar ayuda profesional, pero si se trata de estados esporádicos, tendríamos que buscar una solución a lo que causa la tristeza.
- Determina el grado de tolerancia. En los casos más intensos no podemos soportar la sensación de tristeza y nos vemos afectados por una o varias crisis de ansiedad o pánico durante un breve periodo. Cuando son casos menos intensos la persona es capaz de restablecer su estabilidad emocional empleando únicamente sus propios medios, de forma adecuada. Haz un registro en una hoja de los días y las horas en las que no lo puedes soportar.

- La tristeza es pasajera. La manera en la que percibimos nuestras emociones determina la manera en que estas nos afectan, por ello si eres consciente de que la tristeza es un estado de ánimo pasajero, sabes que esta sensación también pasará y por ello eventualmente te vas a sentir mejor de lo que te sientes cuando estás desanimado. Recuérdalo cuando te sientas triste, aparte de buscar la causa de la tristeza, y repítete que «esto, también pasará».
- La tristeza como oportunidad de cambio. La mayoría de las personas entiende la tristeza como algo completamente negativo para sus vidas. Si bien es cierto que es una emoción poco agradable también resulta un poderoso agente de cambio para determinadas situaciones. Con el tiempo, la tristeza se habrá ido y quedará en nosotros un sentimiento de calma y capacidad de mirar hacia el pasado de una manera más objetiva y serena. Como consecuencia de la tristeza nos hemos hecho más fuertes respecto a cómo éramos antes de pasar por esa experiencia. Recuerda alguna situación en la que hayas sentido tristeza, incluso la misma que has seleccionado en apartados anteriores, y después de escribirlo, busca cómo la has superado.
- Como alternativa a la tristeza te propongo practicar la actitud meditativa, es decir, presta atención a tu tristeza distanciándote emocionalmente. Para ello obsérvala como si fueras un observador externo, contempla cómo aparecen y desaparecen los sentimientos localizados en tu cuerpo, si los percibes como calientes o fríos, si se expanden o se contraen. Haz lo mismo con tus pensamientos… Observa si estás criticándote, defendiéndote… descríbelos a otra persona o anótalos en tu cuaderno. Cuando termines, reflexiona unos minutos ¿cómo te encuentras?
- Descubre el antídoto a tu tristeza. Aunque no existen fórmulas mágicas que puedan hacernos sentir mejor de un momento a otro, si has formulado y contestado a todas las preguntas, conoces un poco mejor tu tristeza, lo que te va a permitir encontrar las herramientas necesarias para superarla. Reflexiona sobre qué has hecho para superarla en las distintas situaciones, quizás haya sido retomar algún pasatiempo, mandalas, lecturas,

viajes o ejercicio físico. Pueden ser una manera efectiva de combatir el sentimiento de tristeza y reemplazarlo por uno de goce personal.

Afrontar la tristeza de la pérdida

Los sentimientos son una valiosa fuente de información acerca de lo que nos ha sucedido y de lo que queremos. Nos ayudan a reflexionar sobre la importancia que esa persona, o aquello que hemos perdido, tenía en nuestra vida. La tristeza es una petición de consuelo sin exigencia.

Permítete adentrarte en la tristeza.

- Relájate poniendo tu atención en el abdomen y haz una respiración profunda. Céntrate en tu tristeza… siéntela... Siente la pérdida.
- Percibe la dificultad de la pérdida asociada a tu tristeza… Siente lo que significa para ti… ¿Qué echas de menos?
- ¿Qué crees que trata de decirte el sentimiento?... Respira, siente y espera… No analices, simplemente céntrate en el sentimiento.
- Permanece en tu tristeza hasta que te relajes o hasta que aparezcan las lágrimas. Sigue llorando y sintiendo tu tristeza mientras emerge la información. Permite que las lágrimas te relajen.
- Di algo que te haga sentir mejor, sé amable y amoroso. Haz algo que te anime como, por ejemplo:
  - Ábrete a los demás, déjate ayudar y permite que sus acciones provoquen efectos positivos en ti.
  - Extiende la mano, pidiendo amor, abrazos, lo que necesites. Reconoce y manifiesta la dificultad que tienes para pedir ayuda a un amigo, a un profesional o a alguien capaz de darte amor y atención y que desee hacerlo.
  - Involúcrate en una rutina o ritual que te ayude a manejar la tristeza, haz cosas que te gustan y no te crean estrés, invéntate un ritual personal para simbolizar y expresar tu pérdida.
  - Recuerda un momento de amor, de plenitud, y saboréalo. Visualízalo el tiempo que necesites.

- Al tratar con el dolor puedes:
  - Focalizarte en el pensamiento de pérdida y dejar que el sentimiento de tristeza se prolongue, o bien enfocarte en el sentimiento de amor por lo perdido hasta que te brote un cálido sentimiento de amor.
  - Enfocar el sentimiento y reconocimiento de tu propio amor por lo perdido, en el amor que la otra persona te tenía, hasta que este te inspire para vivir de forma plena.
  - Enfocarte en el sentimiento de desear lo que has perdido hasta que se produzca el deseo y el impulso de luchar activamente.

  De todas las alternativas que has leído, ¿qué eliges?

- Revisa tu vida hasta encontrar una situación que haya supuesto una gran pérdida.
- Céntrate en ella. Visualiza la situación una y otra vez. Siente la pérdida.
- Visualiza la persona o cualquier aspecto de la situación en el que hubiera amor. Siente ese amor.
- Experimenta las diferencias entre pérdida y amor: enfócate en el sentimiento de pérdida y vívelo. Siente ahora el amor y vive ese sentimiento de amor.
- Recuerda los regalos vitales, las experiencias que has recibido de esa persona y piensa en ello. Siente su amor cada vez que lo desees y permítete sentir el efecto del amor... Sigue amando lo que amabas.
- ¿Dentro de tus sentimientos de amor, recuerdas las características positivas de esa persona? ¿Cuáles eran?
- Busca la forma de simbolizar esos aspectos admirados y grábalos en tu memoria; así, cuando tengas la sensación de pérdida, sabes que puedes cambiarla por el amor.

Meditación recomendada: *Sueltatristeza*

Para que tu tristeza no se cronifique, te propongo hacer una visualización muy sencilla en la que vas a poder soltar la tristeza que te envuelve para recuperar tu armonía interna.

Con los ojos cerrados, respira hondo varias veces. Imagínate que al expirar te desprendes de las tensiones y preocupaciones de tu cuerpo y de tu mente... Imagínate que al inspirar asimilas la energía que te rodea... Con cada respiración vas a profundizar más y más en tu estado de relajación... Relaja los músculos de la cara y de la mandíbula. Libera toda la tensión y la rigidez que sientes... Relaja los músculos del cuello y de los hombros, imagina que exhalas todo el peso que sientes o percibes. Relaja los brazos... los músculos de la espalda, tanto de la parte superior como la parte inferior... Al exhalar, libera toda la tensión y la rigidez que sientes... Relaja los músculos del estómago y del abdomen, siente cómo la respiración te ayuda a relajarte... Ahora céntrate en los músculos de las piernas para que así todo tu cuerpo pase a un estado de paz profunda...

Utiliza los ruidos del exterior y las distracciones para profundizar aún más en ese nivel de serenidad.

Imagina que tienes por encima de tu cabeza una luz sanadora. Puedes elegir el color o los colores. Esa luz te va a ayudar a sanar tu cuerpo y lo va a relajar... Permite que la luz fluya por tu cuerpo desde la parte superior de la cabeza… Observa cómo ilumina el cerebro y la médula espinal, cómo va sanando esos tejidos y continúa... Deja que la luz siga fluyendo hacia abajo, como una onda luminosa que toca todas las células, todas las fibras y todos los órganos del cuerpo con paz, con amor. En todos aquellos puntos en los que tu cuerpo necesite sanación, haz que la luz sea muy fuerte, muy potente...

[Pausa de quince segundos.]

Ahora imagina que el resto de la luz fluye hasta llegar a tus pies, llenando todo tu cuerpo…, cómo te rodea como si estuvieras dentro de una burbuja que te protege, que sana tu piel y que te relaja cada vez más...

Voy a contar hacia atrás del veinte al uno, cada número te va a ayudar a profundizar un poco más en el estado de relajación al tiempo que visualizas cómo bajas unas escaleras que te llevan hasta tu corazón... Veinte… diecinueve… dieciocho… te sientes cada vez más relajado y tranquilo... Diecisiete... dieciséis... quince… tus piernas, tronco y extremidades están cada vez más y más relajados… Catorce... trece... doce… con cada escalón que desciendes te sientes más profundamente relajado y tranquilo... Diez ... nueve... ocho... más y más relajado... Siete... seis... cinco... más profundamente relajado, más profundamente tranquilo... Cuatro... tres... dos... estás más y más calmado, sereno... Uno... ya has llegado... .

Estás veinte veces más profundamente relajado que antes. Frente a ti hay una puerta grande, es la puerta de acceso a tu corazón, ordenas que se abra... Respira profundamente y entra en un espacio lleno de luz, es una habitación muy luminosa, muy amplia con una cabina en el centro... es tu habitación *sueltatristezas*...

Avanzas hacia la cabina de cristal, es un cristal especial, transparente, impregnado de partículas de salud y de armonía, de forma que cuando avanzas hacia él, comienzas a sentirte cada vez más sereno y tranquilo... Respira... Te sientes triste, pero continúas avanzando hacia tu cabina... Respira... A la entrada tienes un perchero, te quitas tu traje de tristeza y entras en la cabina donde encuentras una camilla blanca y mullida sobre la que te tumbas... Respira... Mientras descansas, respira y siente cómo la energía de tristeza abandona tu cuerpo. Respira...

[Pausa de cinco minutos.]

Imagina que te llenas de armonía y de amor (de color rosa o blanco) como si fueras un recipiente vacío... Respira... Fuera de la cabina, en el perchero, está tu traje de tristeza, lo recoge tu ángel de la guarda (si no crees en ángeles, una intensa luz) y limpia todas las partículas de tristeza que están impregnadas en él, transmutándolas en partículas de amor... Respira... Tu traje ha cambiado el color y ahora es más luminoso, más rosa... Te levantas de la camilla, te sientes tranquilo, sereno... Abres la puerta de la cabina y recoges tu vestido del perchero... Empiezas a vestirte y se va adaptando como un guante, emana un vapor que te ayuda a sentirte tranquilo, sereno, calmado... Respira... Disfruta de esta sensación mientras avanzas hacia la puerta... Solo siente y respira... Concéntrate en esta nueva y agradable sensación de bienestar...

Es momento de despertar, avanzas hacia la puerta del corazón... A medida que voy contando de uno hasta veinte, iras despertándote progresivamente. Cuando llegue a veinte podrás abrir los ojos y te sentirás muy relajado, tranquilo, muy despierto y consciente: uno... dos... tres... comienza a sentir tus piernas despertando... Cuatro... cinco... seis... tus brazos despiertan... Siete... ocho... nueve... tu cuerpo despierta... Diez... once... permites fluir por todo tu ser una sensación de paz... Doce... trece... permítete sentir amor... Catorce... quince... dieciséis... te sientes cada vez mejor... Diecisiete... dieciocho... es como si sonara el despertador por la mañana... Diecinueve... vas despertando... Veinte... después de una respiración profunda y cuando estés preparado... despierta y abre los ojos.

Bienvenido.

Los miedos

Para afrontar tus miedos lo mejor es identificarlos y comprenderlos, estudiarlos y saber de dónde salen o cómo se manifiestan en tu cuerpo. Este ejercicio recoge todas esas intenciones. Ahora depende de ti hacerles frente o no.

Fase I

- ¿Cuál es tu mayor miedo?
- ¿Cuál es la creencia que se oculta bajo ese miedo? ¿Puedes dibujarlo o escribirlo?
- ¿A qué más tienes miedo? Escríbelo y sé sincero.
- ¿Qué te impide hacer tu mayor miedo? ¿Qué piensas que pasaría si, además de temerlo, lo hicieras?
- ¿Cuál ha sido el coste emocional debido a este miedo?
- ¿A quién has hecho daño? ¿A quién has tratado de hacer daño?
- ¿Qué te desbloquearía si no tuvieras esas creencias y miedos?
- ¿Cómo puedes hacerlo mejor la próxima vez?
- ¿Qué puedes aprender de estas reflexiones?
- Nombra en voz alta tus miedos. Aunque parezca absurdo, le quita gran parte del poder de sugestión que tiene el propio miedo no verbalizado.
- ¿Qué pasaría si algunos de tus temores se hicieran realidad de la peor manera posible? Imagínate lo peor que puede pasarte. ¿Sobrevivirías o no?

- ¿Es suficiente todo esto para decidir superarlo? ¿Y para cambiar de creencia?
- ¿Cómo te ves dentro de 5 años con esta creencia y este miedo? Cierra los ojos, imagínalo y siente el dolor año tras año. ¿Qué te va a aportar?
- ¿Y el resto de tu vida, cómo te ves con todo esto encima?
- ¿Te vas a conformar? ¿Eso quieres que sea tu destino?
- ¿Quieres cambiar esa tendencia autodestructiva? En caso afirmativo, ¿qué estás dispuesto a hacer para cambiarla?
- ¿Cuál es tu nueva creencia? Dibújala. Si no sabes, escríbela.
- ¿Cómo te sientes con ella?
- ¿Cómo crees que le afectará a la gente que te rodea?

Fase III

- ¿Cuál era tu antigua creencia? Repítela.
- ¿Era esa creencia aprendida o heredada?
- ¿Dónde vas a reflejarla o qué vas a hacer con esta antigua creencia?
- Si has dibujado tu antigua creencia, destruye el papel.

Repite tu nueva creencia formando una frase positiva que comience así: «**Ahora disfruto...**».

Liberar el miedo

Lee las palabras y expresiones que describen el miedo en el siguiente cuadro:

amenazado	aprensivo	asustado	aterrorizado
cauto	cobardía	cohibido	desconfiado

dubitativo	escéptico	evasivo	histérico
incierto	inquieto	inseguro	irracional
náusea	nervioso	obsesionado	pánico
precavido	preocupado	receloso	reservado
suspicaz	tembloroso	tenso	atrapado
vulnerable	avergonzado	deseos de escapar	desesperado
horrorizado	huraño	de mal presentimiento	miedo escénico
paralizado	paranoico	sudoroso	supersticioso
tímido	vacilante	escalofrío	sobresalto

- Acomódate y céntrate en tu interior. Trae a tu mente algo que te provoque miedo o ansiedad; conviene que empieces por algo sencillo para ver exactamente qué es lo que temes que vaya a ocurrir. Dedica unos minutos a observar si en ese momento existe un profundo sentimiento de miedo o solo un indicio de temor. No importa de qué se trate; simplemente obsérvalo y acéptalo.
- Pregúntate: «¿Podría soltar el deseo de que eso ocurra?».
- Hazte de nuevo la pregunta y observa qué más descubres. Concéntrate en eso mismo que te da miedo o en otra cosa:
  - ¿Qué es lo que temes que ocurra?
  - ¿Qué es lo que no quieres de lo que podría suceder?
  - ¿Podrías ahora soltar el deseo de que eso ocurra?

- Si te quedas atascado en un temor concreto y es muy difícil para ti deshacerte de él, vuelve a preguntarte y observa:
  - Qué deseo se despierta en cada momento. Suéltalo sin miedo.
  - Analiza si quieres cambiar el hecho de tener dificultades y suelta el deseo de cambiarlo.
- Concéntrate de nuevo en algo que temas. Puede ser lo mismo que antes o algo distinto. Observa qué es exactamente lo que temes que ocurra.
  - ¿Podrías soltar el deseo de que ocurra eso?
- Piensa de nuevo en ese mismo temor o en otra cosa que no quieres que ocurra, en algo que te preocupe o en algo que te ponga nervioso:
  - ¿Podrías soltar el deseo de que ocurriera eso?
  - ¿Cómo te sientes?
- Siempre que observes que estás pensando en consecuencias no deseadas, suelta el deseo de que eso ocurra preguntándote: «¿Podría soltar el deseo de que ocurra eso?».

Miedo. Creencias

Cada sentimiento y cada emoción esconde una creencia; si descubres la creencia oculta de tus miedos podrás superarlos con más facilidad, pues uno de los pasos que tendrás que dar será cambiar de creencia. Te propongo reflexionar sobre esto contestando a las siguientes preguntas:

- Identifica un sentimiento incómodo y reflexiona sobre la creencia que hay debajo.
- ¿Provienen esas creencias de alguna persona conocida?
- Ante esta creencia, ¿cuál es tu necesidad? Por ejemplo, de apoyo, de no crítica.
- Busca calma interior debajo del sentimiento desadaptativo. Respira y visualízate en calma.
- Pide a tu lado más amoroso que hable con el sentimiento menos saludable. Integra, por ejemplo, la vergüenza y el orgullo en una

sensación de valía, el miedo y el valor en fuerza y ansiedad, y el deseo en conexión y sensibilidad.

- ¿Qué estás sintiendo además del malestar? ¿Hay algún otro sentimiento alternativo? Si sientes vergüenza o miedo, por ejemplo, busca una emoción alternativa como sentir enfado cuando no te han respetado.
- ¿Qué necesidad, meta o interés acompaña a este sentimiento? Por ejemplo, la necesidad de consuelo en el caso de la tristeza. Busca tus necesidades para la supervivencia y el crecimiento.
- Haz una lista con dos columnas, en una escribes los pensamientos destructivos y a su lado, en la otra columna, escribe el sentimiento y necesidad que precisas para modificarlos. Permite que los sentimientos saludables reemplacen a los no saludables en aquellas situaciones que los necesites. Lee la lista y empieza a practicar diariamente, de esta forma crearás el hábito de pensar y actuar con creencias positivas.

Vivir en tiempo de reestructuración

¿Y ahora qué hago yo? Esta pregunta resuena en mi mente después del entierro de mi Abueli. ¿Con quién voy a hablar de mis cosas?, ¿a quién le voy a contar mis cuitas sobre mis relaciones? No le podré dar mi siguiente libro para comprobar si es fácil de leer y tampoco voy a poder coger su mano y estar horas hablando desde el corazón. ¿A quién voy a preguntar sobre mi infancia si mi memoria histórica se ha ido? ¿Quién me avisará de los cumpleaños de mis familiares y de los santorales, de los refranes tan oportunamente utilizados? Soy consciente de que nuestro gran pequeño mundo se ha esfumado y ha desaparecido con ella, además de muchos momentos que ya no se van a repetir, solo en mi recuerdo, y aunque me entristece muchísimo, tengo que reconstruir esa parte de mi vida junto a mi Abueli.

Ya hemos visto que el duelo tiene una función destructora, sin embargo también ayuda a reconstruir de otra forma lo que se rompió. Podemos crear una nueva realidad, con nuevas actividades, valores, retomando los papeles y la rutina del día a día. En esta nueva realidad podemos aplicar lo que hemos aprendido en la etapa anterior. Si normalizamos el duelo y la pérdida como parte de la vida, ningún sentimiento nos va a bloquear y podremos seguir hacia adelante.

Redefinición

Para conseguir la reconstrucción podemos trabajar en las siguientes áreas:

- Redefinir la relación con la persona fallecida. A veces nos identificamos con ella para perdurar la relación, adquirimos de forma inconsciente los defectos y virtudes que tenía, los gestos, su perfume o sus joyas. Es como mantener una relación con ella que a nivel psíquico nos tranquiliza. Cuando esto pasa, nos damos cuenta de que hemos puesto a prueba nuestras creencias sobre la vida y la muerte, sobre nosotros y nuestro alrededor. Ante esta situación a menudo surge la pregunta, ¿cómo voy a continuar? Reconozco que, durante unas semanas, he adquirido expresiones que utilizaba mi Abueli: «tonto de capirote, estoy bien, siempre bien, llegar a viejo es una porra o se te caen la orejas», lo he hecho de forma inconsciente, pero me hace sentir más cerca de ella, parece que sigue junto a mí, y eso me calma.
- Redefinir la relación con los demás y con el mundo puede parecer algo imposible y nos planteamos preguntas como: «¿Quién va a hacer lo del otro?»; «¿Cómo voy a aprender?»; «¿Quién soy yo ahora?»; «¿Es así cómo me ven?». Es el momento de empezar a existir por uno mismo y ser consciente de que nada será como antes, pues yo sigo vivo y tengo una vida por delante.
- Volver a definir la relación conmigo mismo. Tenemos la oportunidad de construir una nueva imagen de nosotros mismos. Debido al dolor sufrido, cambian nuestras prioridades, empezamos a reflexionar sobre las creencias y valores que hemos tenido hasta ahora, descartando las que no son adaptadas para el momento actual, y sobre la relación que tengo con los demás, ya sean familiares o amigos. Aprendemos a respetarnos, a amarnos, a cuidarnos, a reforzar las virtudes y los puntos fuertes. Es posible que te surjan preguntas existenciales que no necesariamente están relacionadas con la pérdida, como:
  - ¿Quién soy?
  - ¿Qué he sido junto a él/ella?
  - ¿De qué voy a trabajar?
  - ¿Cómo me estoy cuidando en el duelo?
  - ¿Cuáles son mis pensamientos? En estos momentos hay muchas frases que nos culpabilizan. Identifícalas, libéralas o modifícalas por otras más positivas que te ayuden a sentirte bien.
  - ¿Cuántas veces he dado una interpretación negativa al día que falleció esa persona tan influyente para mí?
  - ¿Me he atrevido a contar alguna vez que ese hecho arruinó el día?

En la reestructuración empiezas a elegir cómo recordar al ser querido y cómo honrarle en la fecha señalada, por ello es importante hacer el rito personalizado rememorando frases, pensamientos, dichos, muletillas, símbolos o música que les identifiquen. En mi rito personal envío amor a mi abuela con una frase que nos decíamos mutuamente: «Te quiero más que a la Catedral de Zaragoza, y yo a ti más que a la Catedral de la Almudena». Las palabras pueden hundirte o sacar lo mejor de ti.

Es importante recordar lo que hemos aprendido de la experiencia con lo perdido. Han sido muchas las conversaciones con mi Abueli a lo largo de estos años. Nuestros abuelos son un libro de historia viviente, con ellos tenemos la posibilidad de recorrer parte de la historia a través de sus vivencias, y eso es un tesoro que debemos valorar. He vivido la posguerra en Madrid de su mano una y mil veces, en sus calles sonando las bombas, las balas, los aviones, las sirenas que anunciaban un bombardeo, en los refugios antiaéreos, en sus historias de cómo corrían para refugiarse en los túneles del metro o cómo, en una ocasión, le rozaron las balas mientras corría embarazada de mi madre mientras sostenía a mi tía en sus brazos. Las colas interminables con las cartillas de racionamiento para conseguir comida, la hambruna devastadora, la fe religiosa, bastón en el que se apoyan sus miedos, las oraciones ocultas a los ojos de los demás, las denuncias de los propios vecinos. La muerte de su hijo de hambre y frío o las de sus hermanos en diferentes bandos de la contienda. La encarcelación de otro hermano solo por defender sus ideas.

La muerte siempre presente detrás de sus historias. Tanta crueldad y sinsentido. Su tono melancólico lleno de dolor y de rabia llenándole los ojos de lágrimas de resignación que gracias a su Dios pudo sobrellevar. Yo siempre la escuchaba y eso me hacía darme cuenta de mi suerte por haber nacido unos años más tarde, cuando se podía apagar la luz por la noche y dormir sin miedo a que te despertara el sonido de los bombardeos. Tengo un techo, mucho amor, transporte, trabajo y afortunadamente no paso hambre y tengo todas mis necesidades vitales cubiertas. Escuchándola he aprendido a valorar lo que tengo para vivir, a disfrutarlo, y no siempre he vivido una vida sin apuros, pero creo que estas enseñanzas me han proporcionado la forma de saber atarme el cinturón y economizar mientras hago lo que hay que hacer, como me he dicho en los momentos difíciles. Ella, con mucho cariño, me hacía ver sus carencias y necesidades, y me daba cuenta de que nunca tuvo vacaciones en su juventud, ni muchos vestidos, ni zapatos nuevos hasta que fue bastante mayor. Tuvo que trabajar mucho para criar a sus cuatro hijos y por el camino dio de mamar al hijo de la vecina de al lado para que no muriera de hambre. Entre tanto apenas veía unas pocas horas al día a mi abuelo, que tenía dos trabajos. Quizás suena a más de lo mismo, pero quiero que no se me olvide que todo lo que he aprendido sobre el valor de la familia, sobre la constancia, la paciencia, el respeto, el saber escuchar a los demás para aprender de sus experiencias, sobre la importancia de ser legal, honesta y de tener principios para llevar una buena vida se lo debo a ella.

Los abuelos son maestros vivientes de los que podemos aprender para vivir con suficiencia y energía, y no tengo claro que les demos la importancia que se merecen o que los respetemos lo suficiente. A veces observo a los demás y me da la sensación de que los abuelos les estorban porque no satisfacen sus caprichos, no están en la onda o no saben de lo nuevo ni de los conceptos actuales. En este mundo tan cínico, desaprovechamos la sabiduría que nos da su experiencia de *abuelos-enciclopedia*. Las claves que les han ayudado a sobrevivir a muchas circunstancias no pocas veces extremas. Deberíamos replantearnos el aprender más de ellos y de su experiencia. «Si no quieres repetir el pasado, estúdialo», dijo Baruch de Spinoza, y tenía razón. Reconozco que he tenido mucha suerte en conocerla a ella, y en su honor cada día aplico en mi vida algo de lo que aprendí a su lado, así la siento más cerca. Su recuerdo y mi amor hacia ella viven en una gran habitación de mi corazón y siempre vamos juntas.

En el cuaderno de trabajo te presento algunos de los ejercicios y meditaciones que practico para aliviar algún sentimiento inoportuno que aparece sin ser llamado. Estos ejercicios son:

- Mis metas y objetivos.
- Mi carta.
- Revisión de creencias.
- Meditación Aprender a escucharte.
- El duelo.
- Hablando con mi maestra.

Cuaderno de trabajo

Ejercicios:
- Mis metas y objetivos
- Mi carta
- Revisión de creencias
- El duelo
- Hablando con mi maestra

Meditaciones:
- Meditación *Aprender a escucharte*

Mis metas y objetivos

Cuáles son mis metas, lo que quiero conseguir, en este año nuevo:
en mi vida privada (V.P.)
En mi vida laboral (V.L.)

Vida Privada

Meta 1 V.P.: _____.
Fecha límite para cumplirla: _____.
Mi premio es: _____.

Mis objetivos son (los pasos que tengo que dar para conseguir mi meta):
1. _____. Fecha límite para cumplirlo:
2. _____. Fecha límite para cumplirlo:
3. _____. Fecha límite para cumplirlo:

Meta 2 V.P.: _____.
Fecha límite para cumplirla: _____.
Mi premio es _____.

Mis objetivos son (los pasos que tengo que dar para conseguir mi meta):
1. _____. Fecha límite para cumplirlo:
2. _____. Fecha límite para cumplirlo:
3. _____. Fecha límite para cumplirlo:

Vida Laboral

Meta 1 V.L.: _____.
Fecha límite para cumplirla: _____.
Mi premio es: _____.

Mis objetivos son (los pasos que tengo que dar para conseguir mi meta):
1. _____. Fecha límite para cumplirlo:
2. _____. Fecha límite para cumplirlo:
3. _____. Fecha límite para cumplirlo:

Meta 2 V.L.: _____.
Fecha límite para cumplirla: _____.
Mi premio es: _____.

Mis objetivos son (los pasos que tengo que dar para conseguir mi meta):
1. _____. Fecha límite para cumplirlo:
2. _____. Fecha límite para cumplirlo:
3. _____. Fecha límite para cumplirlo:

Mi carta

La finalidad de este ejercicio es identificar lo que hemos aprendido sobre nosotros y los pensamientos que tenemos. Es darnos cuenta de si somos personas positivas o negativas y de si tenemos claro lo que queremos o cuáles son las metas en nuestra vida. Para ello empezamos contestando a unas preguntas que al acabar nos proporcionan información para redactar nuestra carta personal.

- Haz una lista con todos los pensamientos y palabras negativos que identifiques cuando te hablas a ti mismo o cuando conversas con los demás: «Me siento mal»; «Estoy cansado»; «Estoy gordo»; «El mundo es malo»; «No puedo encontrar trabajo porque hay mucha crisis e inseguridad social».
- Elabora una lista con los pensamientos positivos que vienen a tu mente cuando hablas de ti utilizando palabras como felicidad, dulzura, belleza, salud, energía, risa, confianza o amor.
- Relee las respuestas de los ejercicios anteriores y contesta a la siguiente pregunta: ¿por qué crees que en tu vida no te va como deseas?
- Si ya tienes las respuestas y lo ves un poco más claro, responde a:
  - ¿Qué es lo que quiero?
  - ¿Dónde lo quiero?
  - ¿Cuándo lo quiero?
  - ¿Para qué lo quiero?
  - ¿Qué supondría para mí conseguirlo?
  - ¿Qué es lo importante para mí?
  - ¿Qué es lo que estoy dispuesto a abandonar para llegar a esto?
  - ¿Qué es lo que no estoy dispuesto a cambiar?
  - ¿Qué puedo hacer para cambiar las cosas?
  - ¿Qué es lo que me podría impedir el realizar esa acción y alcanzar mi objetivo?
  - ¿Cuál es mi actitud ante lo que me sucede?
  - ¿Puedo cambiar mi actitud para conseguir mi meta?
  - ¿Cómo me siento ante este cambio?
- Para terminar, escribe una carta expresando lo que has aprendido sobre ti en este ejercicio; puede estar dirigida a ti mismo o a quien desees.

Identifica creencias que te limitan

«Si un hombre puede concebir algo en su mente, existe siempre un modo para alanzarlo y lograrlo. Y si el "porqué" es suficientemente fuerte, el "cómo" nunca es un problema», Napoleón Hill.

Una creencia es algo de lo que estamos convencidos, algo en lo que tenemos fe o en lo que nos apoyamos para afianzar un concepto. Es la base de nuestro carácter, de nuestro modo de ver las cosas y de comunicarlas. Se compone de sentimientos, de imágenes que creamos y de las cosas que nos decimos a nosotros mismos. Si la creencia me impulsa hacia lo que deseo conseguir se denomina creencia capacitadora, y si me impide conseguirlo es una creencia limitadora. Pues bien, las creencias limitadoras provienen de la educación, del ambiente en el que creciste, de los modelos que tuviste en tu infancia: padres, hermanos, familiares, amigos. De los acontecimientos vividos y de lo que nos creemos cuando somos pequeños, ya que no tenemos recursos para contrastar la información. Cuando somos adultos, si trabajamos nuestra capacidad de observación, comprobamos que tenemos la opción de cambiar todas estas creencias y nos damos cuenta de que algunas no nos funcionan porque no nos ayudan a alcanzar nuestra meta. Este ejercicio tiene la finalidad de ayudarte a identificar tus creencias limitadoras.[2]

1. Elije una creencia negativa o limitadora. Reflexiona:
- ¿En qué te apoyas para pensar eso?
- ¿Actúas y te identificas con tus creencias siempre o solo a veces? ¿Cuáles crees que son las experiencias de tu vida que apoyan esa percepción?
- ¿Cómo te sientes actuando así?
- ¿Ha sido la opinión de tu entorno la que ha contribuido a esa creencia?
- ¿Hasta dónde has llegado con esa creencia?
- ¿Podrías aprender a ser todo lo contrario?

2. Elije una creencia potenciadora o positiva que te resulte más útil en tu vida.
- Enfócate hacia esa nueva creencia. Visualízate como si fuera cierta. ¿Te resulta difícil? ¿Por qué?

---

[2] *Este ejercicio está basado en la teoría de Anthony Robbins.*

- ¿Cómo te sientes?
- ¿Qué pensamientos acuden a tu mente?
- Repite esa visualización hasta que sientas bienestar.

Duelo

El proceso de duelo es un proceso de cambio y de adaptación a una forma diferente de vivir. Es un proceso doloroso y a veces largo. Te propongo que hagamos del duelo una oportunidad para reflexionar y aprender cómo enfocarnos en las cosas importantes de la vida. No quiero decir que lo hayas hecho mal hasta ahora, solo te invito a plantearte la posibilidad de que desde tu dolor consigas extraer importantes enseñanzas aprendidas de aquello que has perdido.

- ¿El cambio supone para ti una perturbación en lugar de una aventura? ¿Qué tipo de cambios?
- ¿Consideras el cambio como una situación caótica que te hará perder el control de tu vida? ¿Qué tipo de cambio? Pon un ejemplo.
- Cuando se produce un cambio en tu vida, ¿qué conducta tienes? ¿Qué creencia la sostiene?
- Una vez que has identificado la conducta y la creencia, pregúntate: «¿Qué puedo hacer yo para rectificar esa conducta y adquirir fuerza?». Busca ventajas e inconvenientes.
- Ante esa situación que te causa ansiedad o tristeza, observa cuándo surgen esos sentimientos. Luego busca en tu infancia e identifica la primera vez que sucedió.
- ¿Quiénes han sido las personas más importantes en tu vida? ¿Qué has aprendido de ellas?
- ¿Quiénes son las personas más importantes en tu vida? ¿Qué has aprendido con ellas?
- ¿Inviertes tiempo en ellas?, ¿el suficiente?
- Ese tiempo que inviertes, ¿es para disfrutar?
- De todo lo que has aprendido con esas personas, ¿qué es lo que aplicas en tu vida?

Hablando con mi maestra

Las preguntas de autorreflexión y de investigación forman parte de la práctica, por lo que cuando estoy con mi niña interior las utilizo con la finalidad de autoconocerme, saber qué es lo que tengo guardado en lo más profundo de mi ser.

Con los ojos cerrados, respira hondo varias veces... Visualiza tres veces el número tres... Respira, visualiza tres veces el número dos... Respira... Y visualiza tres veces el número uno... Cuando estés tranquilo y relajado, hazte una pregunta por sesión de relajación y espera la respuesta. Esta te puede venir en forma de imagen, idea, etc.

Las preguntas que te van a permitir conocerte mejor son las siguientes, recuerda hacerte una pregunta por sesión y escribir el resultado en tu cuaderno de trabajo.

- ¿Qué es lo que te gusta?
- ¿Qué es lo que no te gusta?
- ¿Qué te asusta?
- ¿Cómo te sientes?
- ¿Qué necesitas?
- ¿Qué crees qué puedes hacer para sentirte segura/o?
- ¿Qué crees que necesitas para ser feliz?
- ¿Qué metas tienes a corto o largo plazo?
- ¿Cómo crees que te ven los demás?
- ¿Qué recursos internos y externos tienes?
- ¿Te mereces lo que te gusta?
- ¿Te mereces lo que no te gusta?

Es importante, una vez realizada la pregunta, que observes cómo reaccionas con la respuesta obtenida:

- ¿Identificas fácilmente los sentimientos o las sensaciones que brotan en tu cuerpo y de tu mente?
- ¿Qué has aprendido sobre ti?

Meditación recomendada: *Aprender a escucharte.*

Para que aprendas a guiarte por tu intuición y ganar seguridad en ti mismo, te propongo hacer una visualización muy sencilla en la que vas a mantener una conversación con *esa parte tuya más sabia, que te conoce y no te engaña* y así comprenderte mejor.

Con los ojos cerrados, respira hondo varias veces. Imagínate que al expirar te desprendes de las tensiones y preocupaciones de tu cuerpo y de tu mente... Imagínate que al inspirar asimilas la energía que te rodea... Con cada respiración vas a profundizar más y más en tu estado de relajación... Relaja los músculos de la cara y de la mandíbula. Libera toda la tensión y la rigidez que sientes... Relaja los músculos del cuello y de los hombros, imagina que exhalas todo el peso que sientes o percibes. Relaja los brazos... los músculos de la espalda, tanto de la parte superior como la parte inferior... Al exhalar libera toda la tensión y la rigidez que sientes... Relaja los músculos del estómago y del abdomen, siente cómo la respiración te ayuda a relajarte... Ahora céntrate en los músculos de las piernas para que así todo tu cuerpo pase a un estado de paz profunda...

Utiliza los ruidos del exterior y las distracciones para profundizar aún más en ese nivel de serenidad.

Imagina que tienes por encima de tu cabeza una luz sanadora. Puedes elegir el color o los colores. Esa luz te va a ayudar a sanar tu cuerpo y lo va a relajar... Permite que la luz fluya por tu cuerpo desde la parte superior de la cabeza... Observa cómo ilumina el cerebro y la médula espinal, va sanando esos tejidos y continúa... Deja que la luz siga fluyendo hacia abajo, como una onda luminosa que toca todas las células, todas las fibras y todos los órganos del cuerpo con paz, con amor. En todos aquellos puntos en los que tu cuerpo necesite sanación, haz que la luz sea muy fuerte, muy potente...

[Pausa de quince segundos.]

Ahora imagina, que el resto de la luz fluye hasta llegar a tus pies, llenando todo tu cuerpo..., cómo te rodea como si estuvieras dentro de una burbuja que te protege, que sana tu piel y que te relaja cada vez más...

Voy a contar hacia atrás del veinte al uno, cada número te va a ayudar a profundizar un poco más en el estado de relajación al tiempo que visualizas cómo bajas unas escaleras que te llevan hasta tu corazón... Veinte... diecinueve... dieciocho... te sientes cada vez más relajado y tranquilo... Diecisiete... dieciséis... quince... tus piernas, tronco y extremidades están cada vez más y más relajados... Catorce... trece... doce... con cada escalón que desciendes te sientes más profundamente relajado y tranquilo... Diez ... nueve... ocho... más y más relajado... Siete... seis... cinco... más profundamente relajado, más profundamente tranquilo... Cuatro... tres... dos... estás más y más calmado, sereno... Uno... ya has llegado.

Estás veinte veces más profundamente relajado que antes. Ordenas que se abra la puerta de tu corazón... Haces una respiración profunda y entras en un espacio lleno de luz.

Llama a tu niña o a tu niño interno y pídele que te ayude a ver y a sentir la verdad de todo lo que ha sucedido... Respira e imagina que tienes delante de ti una gran pantalla blanca donde te va a mostrar toda la historia del tema que te preocupe como si fuera una película... Solo contempla la escena... respira... siente...

Tómate el tiempo que necesites para darte cuenta de lo que ha pasado, de tu comportamiento, de tu conducta... la situación vivida... Profundiza en los porqué y en los para qué... Sé sincero contigo. Cuando hayas comprendido qué ha pasado, da las gracias y le bendices con amor.

[Pausa de quince segundos.]

Visualiza cómo avanzas hacia la puerta del corazón... es tiempo de regresar. A medida que voy contando de uno hasta veinte, irás despertándote progresivamente. Cuando llegue a veinte podrás abrir los ojos y te sentirás muy relajado, tranquilo, muy despierto y consciente: uno... dos... tres comienza a sentir tus piernas despertando... Cuatro... cinco... seis... tus brazos despiertan... Siete... ocho... nueve... tu cuerpo despierta... Diez... once... permites fluir por todo tu ser una sensación de paz... Doce... trece... permítete sentir amor... Catorce... quince... dieciséis... te sientes cada vez mejor... Diecisiete... dieciocho... es como si sonara el despertador por la mañana... Diecinueve... vas despertando... Veinte. Después de una respiración profunda y cuando estés preparado... despierta y abre los ojos.

Tómate tu tiempo, reflexiona sobre:
- ¿Cómo te sientes?
- ¿Cómo se siente tu cuerpo?
- ¿Y tu corazón?
- ¿Qué has aprendido?

Vivir en tiempo de aceptación

Aceptar significa reconocer y afrontar las situaciones no deseadas de la vida que no podemos modificar aprendiendo a asumirlas para fortalecer la tolerancia a los fracasos, pérdidas o desengaños. Es el primer paso para superar las consecuencias de cualquier desgracia. La aceptación no significa que me guste lo que ha sucedido, sino que reconozco la realidad en la que se ha producido una pérdida física. Cuando lo acepto se produce el cambio y dejo de luchar contra lo que no me gusta. Entonces dejo de quejarme. La aceptación es el momento en el que hago las paces con mi pérdida permitiéndome la oportunidad de vivir a pesar de la ausencia del ser querido o de lo perdido, y busco readaptarme a un nuevo contexto en el que lo perdido no volverá. Pasamos de la etapa del «no debería haber ocurrido» o negación, a la del «ha sucedido» o aceptación. Se trata de aprender a convivir con esta pérdida y crecer a través de la identificación y conocimiento de nuestros sentimientos. Empezamos a depositar nuestras energías en nuestras relaciones y en nosotros mismos estableciendo una vinculación distinta con la persona fallecida o el valor perdido.

La rutina diaria toma mayor protagonismo mientras que ya no se invocan los recuerdos del ser querido con sentimientos de culpa. Esta introspección te permite evaluar tu vida y ser consciente de tu crecimiento y maduración durante el proceso del duelo. Te das cuenta de que todos sufrimos pérdidas más o menos dolorosas, y ante esta nueva reflexión la muerte no es percibida como un castigo sino como parte de la vida. Esta última etapa permite a los familiares y amigos acompañar y estimular el acercamiento del doliente hacia nuevas relaciones sociales y actividades. Para ayudar a una tercera persona, pero sin obstinación, te recomiendo acompañarla cuando crea que ya es tiempo de socializar o de volver al trabajo porque se siente preparada para ello. La clave en el acompañamiento de cada una de estas etapas es respetar los sentimientos del doliente sin presionar para que tenga una recuperación más rápida.

A veces la vida nos lleva a vivir situaciones duras que no vemos venir, para las que no estamos preparados o simplemente no nos apetece afrontar, sobre todo si esas situaciones suponen un cambio en nuestra acomodada vida. Cerrar los ojos ante lo que sucede no cambiará los hechos, al contrario, puede conducir a la aparición de trastornos psicológicos debido a la represión de los contenidos emocionales que siguen perturbándonos desde el inconsciente. «A lo que te resistes, persiste», decía Jung. Si aprendemos a aceptar la realidad tal y como es, aprenderemos a vivir los contratiempos con más serenidad y sosiego.

Tiempo después de su fallecimiento, cada mañana a las nueve me sorprendía de nuevo cogiendo el teléfono para llamar a mi Abueli como venía haciendo durante los últimos diez años. Los primeros días marcaba el número completo esperando oír: «Buenos días, Esthercita, ¿cómo estás?». Por supuesto que sabía que era yo la que la llamaba. ¡Gracias a Dios que la nueva propietaria tenía contestador automático!, si no, ¡vaya corte! Sabía por mi familia que habían vendido la casa a una chica joven y me dio mucha pena enterarme así. Quizás la hubiera comprado, o quizás no, pues el recuerdo de ella en casa era demasiado doloroso para mí. Los días pasaban, tomaba el teléfono y mi mano se paraba al marcar los tres primeros dígitos. Vaya, ¡iba mejorando!, poco a poco era más consciente de que no volvería a contestarme, poco a poco aceptaba que ya no podríamos mantener nuestras famosas conversaciones telefónicas matinales que ella esperaba sentadita al lado del aparato.

Es doloroso, aunque esa aceptación me ayuda a disminuir la intensidad de mi dolor. En la actualidad, cuando llego a la oficina, mis ojos se dirigen al teléfono y mi cerebro envía un mensaje con voz propia que me dice «A ver, Esther, que la Abueli está fuera de cobertura», y suelto el aparato como si quemara y me sale una tierna sonrisa a veces acompañada de una tímida lágrima. En silencio le digo «Te quiero más que a la Catedral de Zaragoza» y retumbando en mi mente oigo su respuesta, «y yo más que a la Catedral de la Almudena». Le envío un beso fuerte y continúo la jornada.

He aprendido a vivir sin su presencia física aunque en mi corazón y en mi vida sigue presente. He decidido no olvidarla ni alejar su recuerdo de mí, pues está en muchas de las cosas que hago y digo y eso me tranquiliza, aunque soy consciente de que el calor de sus abrazos no volverá. Cuando esto me sucede y siento melancolía cierro mis ojos y visualizo una de las miles de escenas compartidas con ella que guardo en mi archivo de imágenes mentales, y mi cuerpo reproduce una sensación muy similar. Casi siempre aparecen lágrimas en mis ojos mezclando la añoranza con la felicidad de saber que forma parte de mi vida.

Aprender a vivir. ☞

A continuación te voy a decir cómo trabajo mi duelo y, si eres constante, seguro que consigues aprender a vivir.

- Abre tu corazón al dolor y date tiempo. Registra y expresa las emociones que broten ya sean de tristeza, rabia, miedo, culpa, confusión o abatimiento. Incluso la fantasía de morir se puede catalogar como una reacción habitual y común en la mayoría de las personas después de una pérdida importante o de la muerte de un ser querido. No las reprimas y, con el tiempo, el dolor irá disminuyendo. Llora, grita y siente. El llanto actúa como una válvula liberadora de la enorme tensión interna que produce la pérdida.
- Dicen que el tiempo lo cura todo, aunque es una verdad a medias. La experiencia me dice que es más importante lo que hacemos con nuestro tiempo y si lo aprovechamos para identificar, trabajar y liberar nuestro dolor. Es importante que sepas que hay que estar preparada para las recaídas, sobre todo en fechas señaladas y determinadas épocas como las navidades, aniversarios, vacaciones, etc. Los recuerdos y la realidad de la ausencia reavivarán el dolor. Con el tiempo y tu autoayuda la intensidad del dolor disminuirá e irás adquiriendo confianza y manejo para la gestión de las situaciones más complicadas.
- Comprende que el dolor forma parte del ser humano. Hay que aceptar el dolor porque si no, se convierte en sufrimiento. Identifica las emociones y acepta que duelen, esto abrirá el camino para sentirte mejor a pesar del dolor. Utiliza los ejercicios y meditaciones que hay en el libro.
- Sé amable contigo y sé paciente. No te preocupes ni te presiones creyendo que ya deberías sentirte mejor. Cada una llevamos un ritmo, respeta el tuyo.

- Aplaza las decisiones importantes. Vender la casa, dejar el trabajo o mudarte a otro lugar son decisiones trascendentes y se deben tomar en momentos de suma claridad; dado que un cierto grado de confusión es inevitable en este proceso, sería preferible dejar las decisiones importantes para más adelante.
- Aprende a dejar ir. No siempre puedes cambiar las situaciones puesto que tu nivel de control sobre lo que sucede es limitado. Aprende a dejar ir todos esos pensamientos y sentimientos dañinos a los que te estás aferrando. La meditación, la reflexión o la visualización te pueden ayudar. Yo las práctico y me ayudan. ¡Practícalas!
- Siente y conecta con tu cuerpo y tus emociones, reconoce tu estado actual y sentimientos, sin reprimirlos. ¡Eres humano!
- Acepta lo irreversible de la pérdida. Aunque sea lo más difícil que has hecho en toda tu vida, ahora tienes que aceptar esta dura realidad. Hablar de tu pérdida, contar las circunstancias en las que se produjo la muerte, visitar el cementerio o un lugar especial que te permita recordar; todo puede ayudar a ir aceptando el hecho de la pérdida. Abandona el rol de víctima, solo lleva a la apatía y a un bucle vicioso sin salida a ninguna parte.
- No descuides tu salud. Aliméntate bien, que no significa necesariamente comer mucho, y evita el tabaco, el alcohol y los medicamentos o drogas. Si para ayudarte en estos momentos es necesario tomar algún medicamento deberá ser siempre según criterio de un especialista y nunca siguiendo los consejos de familiares, amigos y vecinos bien intencionados. Mucho descanso, algo de placer y una pizca de diversión.
- Agradece las pequeñas cosas. Es necesario valorar las cosas buenas que seguimos encontrando en nuestra vida aun en esta situación tan dolorosa. Esta frase la vas a oír mucho, pero es verdad que a veces se nos olvida ver la vida a nuestro alrededor y no sabemos valorarla. Contemplar el amanecer aunque sea en medio de un atasco camino del trabajo, el color de las hojas de los árboles en otoño, la sonrisa de un niño cuando te cruzas con él por la calle. Estamos tan acostumbrados a verlo de modo rutinario que se nos ha olvidado lo maravilloso que es contemplar la belleza.
- Pide ayuda y sé paciente con los demás. Da la oportunidad a tus amigos y seres queridos de estar cerca. Todos los que te quieren desearán ayudarte, aunque la mayoría no sabrá cómo hacerlo.

Pídeles y diles qué es lo que necesitas.

- No busques respuesta a todo. Hay que evitar preguntarte en cada momento el porqué de las cosas que no te gustan; puedes no encontrar respuesta y eso no te ayudará. Quizás la pregunta es «¿para qué?». «¿Para qué estoy viviendo esto?» es una pregunta que enfoca el problema hacia la aceptación y la compresión. Dar respuesta a una situación para hacer algo aunque no se pueda cambiar permite entender qué aprendizajes obtendremos de ello.
- Álbumes de recuerdo. Los miembros de la familia y amigos pueden crear un álbum de recuerdos del ausente. Así se ayuda a la familia a recordar momentos pasados y, con tiempo, elaborar el duelo con una imagen más realista del presente.
- Confía en tus recursos para salir adelante. Recuerda cómo resolviste anteriores situaciones difíciles o complejas de tu vida. No te exijas demasiado y respeta tu propio ritmo de curación.
- Aprender a vivir de nuevo. Hacer el duelo significa también aprender a vivir sin algo, sin alguien, de otra forma. Aprender a tomar nuevas decisiones, a desempeñar tareas que antes hacía otro, aprender nuevas formas de relación con la familia y los amigos, aprender a vivir con menos. Abrirte a los demás es muy aconsejable y bueno para ti. En mi caso, un año después del fallecimiento de mi Abueli conocí a una persona que me escucha, me abraza, me coge la mano, me permite ser yo misma, me apoya y nos reímos juntos. Sé que no es ella y mi relación es diferente, sin embargo hay algo familiar que solo sentía cuando estaba con ella. Él me hace sentir en casa de nuevo.
- Céntrate en la vida y en los vivos. Llega un momento en el que es necesario soltar el pasado. La vida te espera llena de nuevas posibilidades. No hay nada malo en querer disfrutar, en querer ser feliz, en establecer nuevas relaciones. En el caso de la pérdida de una pareja no hay motivo para avergonzarse si aparece de nuevo el deseo sexual. Los sabios dicen que el corazón herido cicatriza abriéndose a los demás.
- Observa tu presente y mira a tu alrededor. Obsérvate a ti mismo y a los demás, las circunstancias de la realidad actual, y estate presente en el aquí y ahora.
- Busca consuelo en tu fe. Muchas personas encuentran que compartir estos problemas con Dios es una manera tranquilizadora de aligerar la carga que hace que el corazón les pese. Después del

primer momento en el que la furia tiene a Dios como a uno de sus destinatarios favoritos, es útil regresar a tu iglesia, a tu templo, a la charla con tu sacerdote o pastor, o hablar desde cualquier lugar con tu dios. Es el momento de aprender a pedir ayuda para aceptar los cambios y ver nuevas opciones.

• Comparte tu experiencia. Contar lo que has aprendido de tu experiencia es la mejor ayuda para sanar a otros haciéndoles más fácil su recorrido, además de aliviar la pena que sientes en tu corazón.

• Elimina los juicios de valor. No juzgues ni critiques, no te quejes ni etiquetes, busca soluciones. Lamentarte por lo que ha ocurrido no cambiará la situación. Hasta cierto punto puede ser catártico, pero si te quedas atascado en las quejas que no conducen a un plan de acción, te convertirás en una víctima de las circunstancias. Quejarse en exceso es una pérdida de energía que podrás usar de manera más inteligente para buscar soluciones concretas. Pregúntate qué es lo que te molesta y qué puedes cambiar realmente de tu situación para mejorarla, y en cuanto puedas, ponte a ello.

• Practica la gratitud. Escribir un diario de la gratitud manifestando las cosas por las cuales nos sentimos agradecidas es una excelente herramienta para aprender a fijarnos en todas las cosas valiosas que probablemente estamos dando por sentadas. Al principio, por la falta de costumbre, es difícil escribir, pero con la práctica iremos apreciando su valor y cada vez apreciaremos más el esfuerzo. Leer el diario antes de acostarte te ayudará a mejorar la calidad de tu sueño.

• Cambia la forma de hablar sobre ti y tu vida, sé más optimista, más positivo, menos víctima. El resultado es notorio.

Por último, y para finalizar el proceso del duelo, en el apartado «Cuaderno de trabajo» te muestro algunos ejercicios que he practicado y sigo practicando para aliviar mi dolor:

• Doy un abrazo escrito a…
• Doy las gracias por…
• Tres cosas buenas…
• Plan de acción para lograr mis metas.
• Eliminar resistencias para conseguir mis objetivos.
• Trabajar mi autoimagen física y mental.

¿Cuándo termina el duelo? ☞

Muchos pacientes me preguntan cuándo termina el duelo. Yo misma me lo he preguntado millones de veces pero no tengo la respuesta exacta. Los libros señalan que el proceso dura unos dos años, aunque algunos de mis pacientes tienen procesos que pueden llegar hasta los cuatro años o incluso más. En mi caso ya han pasado siete años y mi enfoque respecto a uno de mis duelos más intensos y dolorosos me indica que el recuerdo duele, pero ha disminuido la intensidad y ya puedo hablar de ello. Así que, como puedes ver, no está nada claro y depende de muchos factores: de cómo era la persona fallecida o del parentesco, de la naturaleza del apego entre el fallecido y el superviviente, de si la relación era de seguridad, ambigüedad, de dependencia y si se tenían conflictos o no. Cómo ha sido el fallecimiento o dónde se produjo, si la muerte era esperada o no, si fue violenta, si hubo pérdidas múltiples o si era una pérdida ambigua que se podía haber evitado. Otro aspecto importante a tener en cuenta es si fue estigmatizada, como pueden ser un suicidio o enfermedades como el SIDA.

En cuanto al enfoque de los profesionales, para el tratamiento debemos conocer los antecedentes históricos, es decir, debemos saber si la persona ha sufrido otros duelos y cómo los ha resuelto. También debemos recopilar el historial de salud mental del superviviente si lo hubiera. Analizar las variables de personalidad (edad, sexo, estilos de apego, de afrontamiento, cognitivo, creencias, valores). Estudiar las variables sociales: apoyo satisfactorio, roles sociales, recursos religiosos, expectativas. Y para terminar, estudiar las tensiones concurrentes que se refieren a los cambios y las crisis que se pueden dar después de la muerte.

Un buen indicador de que hemos finalizado el duelo es identificar cuándo somos capaces de hablar de la pérdida sin sentir dolor. Es un dolor que ya no desgarra por dentro y no tiene manifestaciones físicas. Lo describió Freud en 1961: «Hallamos un lugar para lo que perdemos. Aunque sabemos que después de la pérdida la fase aguda del duelo se calmará, también sabemos que seguiremos inconsolables y que nunca habrá nada que la sustituya. Sea lo que sea lo que llene el vacío, y aunque lo llene por completo, siempre será otra cosa».

Cuaderno de trabajo

Ejercicios:
* Doy un abrazo escrito a...
* Doy las gracias por...
* Tres cosas buenas
* Plan de acción para lograr tus metas
* Eliminar resistencias para conseguir objetivos
* Autoimagen

Doy un abrazo escrito a...

Es muy importante manifestar el amor a las personas que forman parte de nuestra vida, y a veces no lo hacemos tan a menudo como quisiéramos porque no dio tiempo y ya no están, porque estábamos enfadados, porque no nos pareció importante. Este ejercicio te da la oportunidad de dar un abrazo a las personas que han pasado por tu vida y han sido transcendentales para ti.
* Elige a una persona importante en tu vida y escríbele una carta manifestándole tu reconocimiento, tu respeto, tu amor hacia ella. Recuerda los valores y las influencias positivas que te ha enseñado.
* ¿Qué has sentido mientras escribías?
* ¿Con qué frecuencia hablas sobre lo que te produce alegría, sobre lo que te gusta agradecer?
* ¿Crees que hay personas que esperan tu agradecimiento?
* ¿Cómo reaccionas ante cumplidos espontáneos?
* ¿Agradeces cada día todo lo que eres y lo que tienes?
    – Si la respuesta es NO, ¿por qué?
    – Si la respuesta es Sí, ¿por qué? ¿Para qué?
* ¿Te ha resultado difícil hacer este ejercicio? ¿Por qué?

Doy las gracias por...

Estar agradecido genera bienestar, abre el corazón y proporciona energía. Con todos los beneficios que genera, lo practicamos muy poco. Es hora de ejercitarlo hasta crear un hábito; te va a ayudar a valorar lo que eres, lo que te rodea y a las personas que tienes a tu lado.

- Escribe una lista con los nombres de las personas que te han enriquecido o ayudado de alguna forma. Al final, resume en una o dos palabras lo que has recibido de ellas.
- ¿Con cuál de estas personas tienes la sensación de no haber expresado tu agradecimiento? ¿Hay alguno que ha fallecido? ¿Por qué no le has dado las gracias?
- ¿Te sientes culpable por no haber expresado tu gratitud?
- ¿Qué consecuencias tiene esto en tu vida?
- ¿Qué consecuencias tiene esto en tus relaciones? Reflexiona y escribe: «Estoy agradecido por...».
- Haz una lista de un mínimo de 10 cosas con situaciones que empiecen así: «Tengo que estar agradecido en mi vida por...».
- ¿Qué crees que puedes hacer para dar mayor importancia al agradecimiento en tu vida?
- Visualiza a la persona que quieras dar las gracias. Redacta una carta en la que reflejes lo que significa para ti y lo que ha hecho por ti. Puedes incluir los colores o dibujos que te ayuden en la visualización pero ha de estar escrita a mano. A continuación léela en voz alta, ¿qué sientes? Si es agradecimiento, puedes leérsela, guardarla o dársela.

Tres cosas buenas

Este ejercicio ha demostrado que ayuda a que las personas durante el día sean más conscientes de las cosas buenas que les suceden, así como de sus estados emocionales positivos; también ha demostrado que modifica la atención, la memoria y la manera en la que vivimos el día a día.

Empezamos:

- Escribe cada noche, antes de dormir, durante una semana, tres cosas que te han hecho sentir bien durante el día.
- ¿Tienes una explicación para saber por qué te ha ocurrido?
- Después de la primera semana, ¿has notado algún cambio en tu día a día?
- ¿Qué nuevos pensamientos y sentimientos has descubierto en ti?

Como algo habitual, dedica unos minutos de tu tiempo cada noche a reflexionar sobre estas tres cosas buenas y que te han hecho sentir bien en tu HOY. Haz un registro de cómo te has sentido al día siguiente, qué cambios has percibido en tu actitud, en tus pensamientos. Te recomiendo que al principio busques solo dos, a la semana siguiente busques tres, y así hasta que hayas instalado el hábito de buscar cosas buenas en tu vida cada día de forma automática, sin esfuerzo.

Autoimagen

En la etapa de aceptación es importante aceptar la situación que ha sucedido, sin embargo también es importante aprender a aceptarme con mis virtudes y mis defectos. Cuanto más me conozca más cerca voy a estar de poder aceptar lo que menos me gusta de mí, si comprendo cuál es la función que tiene en mi vida. También puedo elegir mejorar o modificar lo que menos me gusta de mí mismo.
- Mis características físicas son…
- Mis características psicológicas son…
- Mis rasgos de comportamiento son…
- ¿Cómo creo que soy?
- ¿Cómo me relaciono con los demás? ¿Cómo creo que me ven?
- ¿Cómo creo que funciona mi mente? Describe tu forma de razonar y enfrentarte a la vida.
- ¿Cómo soy emocionalmente? Describe cómo te sientes en tus relaciones íntimas.
- ¿Qué aspectos me gustan de mí?
- ¿Qué aspectos no me gustan de mí? ¿Cómo puedo cambiarlos?

- Toma las respuestas de las preguntas anteriores y:
  - elimina todos los calificativos que tengan connotaciones de desprecio o insultos hacia ti;
  - utiliza términos precisos (ejemplo «tengo un muslo de 90 cm» en lugar de «tengo muslos gordos»);
  - utiliza un lenguaje correcto (en lugar de «soy tonto»… «a veces no soy hábil para…»);
  - ahora redacta tu nueva autoimagen.
- Para mantener mi autoestima alta, habitualmente hago...
- Recuerda alguna situación no satisfactoria. Pregúntate: «¿Qué puedo hacer para no caer de nuevo en este error?».
- Busca, en esa situación sobre la que estás criticándote, las evidencias que te indican que podrías haberlo hecho mejor.
- ¿Cómo es mi cuerpo?
- ¿Eres permisivo y flexible contigo mismo? ¿Por qué? ¿En qué situaciones?
- Ante esas situaciones, ¿qué has de modificar en tu conducta?
- Debajo de esta crítica, ¿qué emoción y qué creencia se esconde?
- ¿Cómo te críticas y cuándo? Durante dos o tres días anota todos los comentarios críticos que te regalas.
- Del ejercicio anterior, busca las razones que encuentras para ver que esa crítica no es cierta.
- Ahora, de cada una de esas críticas, busca un pensamiento más adecuado, objetivo y respetuoso con tu persona y sustitúyelo.
- Una vez sustituido, personaliza a tu «crítico interno», ponle los rasgos, colores, tamaño… y siéntale frente a ti. Imagina, escribe todo lo que se te ocurra para dirigirte a tu crítico, hazlo con la intención de soltar tu energía retenida.
- Pregúntate: «¿Qué es lo que deseo?».
- ¿Cómo, cuándo y dónde puedes conseguirlo?
- ¿Sabes cuáles son tus derechos?
- ¿Haces algo para respetarlos? Y ¿para que los respeten?
- ¿Cumples alguno de estos requisitos?:
  - Utilizas el lenguaje en primera persona para referirte a tus circunstancias.
  - Te comportas de forma asertiva en tus relaciones.

- Estás comprometido con el presente.
- Te enfrentas de forma activa a las circunstancias.
- Buscas soluciones y alternativas a tus experiencias no deseables.
- Eliges preferir en lugar de exigir.
- Tu actitud es optimista.
- Después de contestar a todas las preguntas, léelas y resume en unas líneas cuál es la imagen que tienes de ti. A continuación, pregúntate: «¿Qué imagen quiero dar?».
- ¿Qué tienes que hacer para conseguir la imagen que quieres transmitir? Recuerda que tienen que ser pasos cortos, concretos, realizables y a tu ritmo.

Plan de acción para lograr tus metas.

En esta nueva etapa que comienza te voy a plantear objetivos y metas a conseguir. Para ello define, cualitativamente, cuantitativamente y temporalmente tu objetivo contestando a las siguientes preguntas. Pensamiento, sentimiento y acción han de ir en una misma dirección, para ello:

- Busca información sobre tu objetivo, lo que te va a ayudar a definirlo mejor. (Cada vez que aprendes más información sobre él, conectas física y emocionalmente con los recursos disponibles y haces que tu energía atraiga de forma natural lo que estás definiendo).
- Detállalo al máximo.
- Describe los pasos o submetas que te van acercando a él.
- Focaliza tu atención en lo que realmente quieres tú, no los demás.
- El objetivo ha de ser CONGRUENTE con tus valores y COMPATIBLE con tus otros objetivos.
- En caso de tener varios objetivos, PRIORIZA.
- Emplea frases positivas.
- ¿Es necesario que cambies de actitud?

1º Definir el objetivo:
- ¿Dónde está y cómo es tu presente?
- ¿Dónde y cómo ves tu futuro?
- ¿Qué es lo que realmente **quieres** conseguir? («Yo quiero...»).
- ¿Qué quieres en lugar de lo que tienes?
- ¿Cuándo quieres alcanzar tu objetivo?
- ¿Qué crees que verás, oirás o sentirás cuando lo alcances?
- Pregúntate:
- «¿Qué deseo **ser** en esta vida?».
- «¿Qué deseo **hacer** en esta vida?».
- «¿Qué deseo **tener** en esta vida?».
- ¿Cómo te sentirías si lo alcanzaras?

2º Situación actual:
- ¿Cuál es tu situación actual?
- ¿Qué es lo que estás viviendo ahora y qué es lo que quieres cambiar?
- ¿Cuál es la razón de que sea un inconveniente para ti?
- ¿Qué has hecho hasta ahora para alcanzar los objetivos?
- ¿Qué es lo que quieres evitar por encima de todo?

3º Identificar recursos:
- ¿Qué recursos necesitas?
- ¿De qué recursos (cualidades y capacidades) dispones ya para alcanzar tu objetivo?
- ¿Qué otros recursos y competencias necesitas para alcanzar la meta?
- ¿De quién depende que tu objetivo se realice?
- ¿Cuánto tiempo necesitarás para alcanzarlo?
- ¿Cuándo quieres alcanzarlo?
- ¿Cómo medirás tu progreso hacia el objetivo?
- ¿Puedes definirlo con precisión?
- ¿Con cuánta frecuencia medirás tu progreso?
- ¿Cómo sabrás que has logrado tu objetivo?
- ¿Qué marcas pondrías a lo largo del camino?
- ¿Tienes alguna ya? ¿Cómo es?
- ¿Dónde puedes encontrar los recursos que necesitas?

- ¿Qué puedes ofrecer a los demás que les mueva a ayudarte?
- ¿Qué consecuencias tendrá en otras personas?
- ¿Cuál es el coste en tiempo y oportunidades?
- ¿A qué podrías tener que renunciar?

4º Identificar y eliminar límites:
- ¿Qué o quién te impide alcanzar el objetivo?
- ¿Hay obstáculos que podrían molestar a la hora de alcanzar o realizar este objetivo?
- Identifica tus creencias o valores limitantes (todos los «Esto es imposible, no soy capaz»). Identifica las creencias que te generen duda.
- Sustitúyelos por frases que en un futuro serán creencias positivas o potenciadoras, que incrementarán tu confianza y seguridad («Me merezco lo mejor»). Recuerda que siempre eres TÚ quien puede elegir tus creencias.
- Aprende a potenciar las emociones positivas (sentido del humor, creatividad, fluir, alegría, éxtasis, tranquilidad, entusiasmo, euforia, placer) realizando actividades que te gusten, visualizando momentos gratificantes, compartiendo con los tuyos experiencias…
- Aprende a practicar el silencio interior (meditación, trabajo con la niña o el niño interno…).

Visualiza:
- Visualiza tu objetivo de forma muy detallada, como si ya lo hubieras conseguido.
- Experimenta las emociones positivas (sentido del humor, creatividad, fluir, alegría, éxtasis, tranquilidad, entusiasmo, euforia, placer) que nacen en tu interior cuando visualizas tu éxito. Qué olor tiene, qué sabor, qué sentimientos afloran.
- Da gracias y saborea las metas conseguidas día a día. Escribe y evalúa los sentimientos que nacen en ti.
- Confía en que vas a conseguir tu meta y evalúa si mereces la abundancia en tu vida. Si tu respuesta es no, o es dudosa, te recomiendo hacer el ejercicio de las *Creencias* y el de *Autoimagen*.

Eliminar resistencias para conseguir objetivos

Para conseguir las metas y los objetivos que nos proponemos es necesario identificar aquellos pensamientos, creencias o actitudes que nos impiden tener éxito. Si identificas tus resistencias y las eliminas, es más probable que alcances tus metas.

- Piensa en un objetivo que te hayas fijado y que ya hayas puesto por escrito. Luego léetelo en silencio, observando cualquier pensamiento que se te ocurra al respecto. Permítete experimentar ese sentimiento general sobre el objetivo.
- Analiza si el sentimiento procede de un deseo de aprobación, control o seguridad.
- ¿Podrías soltar este deseo?
- Lee en silencio de nuevo el objetivo y observa qué se te ocurre. Una vez más permítete experimentar el sentimiento general acerca del objetivo en este momento.
- ¿Qué deseo despierta esto en tu interior?
- ¿Podrías soltar este deseo?
- Repite los pasos anteriores otras tres o cuatro veces. Cada vez que leas en silencio el objetivo, observa cómo va cambiando tu sentimiento en relación a él, permítete tal sentimiento y sigue liberando. Cuando ya sientas coraje, aceptación o paz acerca del objetivo, puedes dejar de lado el objetivo y volver sobre él más adelante, o puedes seguir liberando como te indico:
- Lee de nuevo tu objetivo y luego piensa en una acción que puedas emprender para conseguirlo.
- ¿Cuál es tu sentimiento ACTUAL sobre esa acción?
- ¿Podrías dejar simplemente que ese sentimiento estuviera presente?
- ¿Este sentimiento procede de una sensación de deseo de control, aprobación o seguridad?
- ¿Podrías soltar este deseo?
- Ahora, concéntrate en este mismo paso o en otro que puedas dar para lograr tu objetivo. Observa qué sentimiento te produce emprender esa acción.

- ¿Podrías aceptar en tu conciencia el sentimiento?
- ¿Podrías identificar el deseo del que procede?
- Luego, ¿podrías soltar ese deseo?
- Repite esta última serie de preguntas de liberación referidas a los otros pasos de la acción para conseguir tu objetivo.

Ahora, observa en qué medida te sientes mucho más positivo respecto al objetivo, después de haber liberado todas las resistencias.

Recomendaciones personales

Me he dado cuenta de que doy por hecho que vas a realizar todos los ejercicios que propongo. Luego en la práctica se acaban convirtiendo en un esfuerzo, y muchos no estamos preparados para llevarlos a cabo porque no tenemos tiempo o consideramos que hay otras prioridades. Creo que es importante inculcar el ejercicio mental como una actividad recurrente y complementaria al ejercicio físico, a la alimentación, al sueño o al cuidado de nuestro cuerpo. Si no tenemos nuestras facultades mentales en forma, no podremos llevar a cabo el resto de tareas con optimismo y energía. En definitiva, desde hace unos años pretendo instalar una rutina mental y una nueva filosofía de vida que con el tiempo nos ayude a iniciar cualquier actividad con actitud y consciencia.

Con el tiempo, he llegado a pensar que no sabemos consolar a los demás en estas situaciones tan dolorosas y temidas por todos pues, como he comentado, en Occidente no tenemos la cultura de aceptación de la muerte tan normalizada como en Oriente. Es una situación que nos incomoda porque no sabemos cómo manejarla y nos asusta, pues nos recuerda que quizás los próximos seamos nosotros, manifestándose con fuerza nuestro miedo a la muerte. Nos ponemos azules de miedo mientras intentamos distraer la atención hablando de temas más terrenales y menos trascendentes.

En este capítulo quiero darte algunos *tips* o recomendaciones que te pueden ayudar a elaborar el duelo. Fruto de mi investigación en diversas fuentes vas a encontrar qué hacer o decir dependiendo del tipo de duelo por el que estéis pasando tú y los tuyos. Es un tema delicado, bastante habitual y doloroso, por ello a veces nuestras reacciones no son las adecuadas o no tenemos la suficiente información. Tanto en mis pacientes como en mi propia experiencia, me he encontrado que, con la mejor de las intenciones, decimos frases lapidarias que no sientan bien o hieren los sentimientos. Por ello creo que deberíamos saber qué hacer o qué decir si lo que queremos es ayudar.

La idea me surgió en el velatorio de mi Abueli cuando salí de la habitación donde estaba el cuerpo, pues me avisaron de que era hora de irse e iban a cerrar. No recuerdo si me quedé pensativa o no, puesto que solo acudo a los velatorios de los más allegados, y recordaba en otra ocasión haber estado velando al difunto hasta altas horas de la madrugada, pues considero que es un momento crucial para hacer la despedida y soltar todas las emociones. Me reuní con mis primos, que eran los que estaban más cerca de la puerta, y, después de mirarme con cara de interrogación, lo único que me dijeron fue: «¿Has visto el nuevo iPhone PLUS?». Otra vez el idioma klingon. Mi mente estaba tan centrada y dolorida por despedir a mi Abueli que no entendía de lo que me hablaban. Con un hilo de voz solo dije que no y volví a la sala hasta que me echaron de forma agradable aunque firme. Pensé: «Primero me echan y no me dejan seguir llorando hasta que desfallezca y luego me hablan de algo que no entiendo y no encuentro comunicación con los míos. ¿Por qué es todo tan raro?».

Cuando llegué a casa mi mente daba muchas vueltas, había algo que me había inquietado y no veía qué era. De pronto me di cuenta de que durante el velatorio no había oído hablar a nadie de su dolor, ni había visto lágrimas… ¿No la querían lo suficiente? ¿Son todos más fuertes que yo? ¿Soy tan débil? ¿O simplemente no tengo vergüenza por expresar mis sentimientos? Solo recordaba frases como «Ya le tocaba», «Era muy mayor», «Ahora descansará», «Era mejor así», «¿Quieres una pastita?», «¿Qué tal tu familia?», «¿Y tus hijos, cómo están?». ¿Realmente la gente cree que eso consuela? A mí no me consolaba nada, solo pensaba que era mi Abueli, mi amiga, mi apoyo, para mí como una madre, y ya no estaba, se había ido, me había abandonado. Un dolor punzante arrancaba mi corazón del pecho… Pero al día siguiente, a pesar de seguir teniendo los ojos como pelotas de ping-pong, sentía una serenidad inmensa, estaba tranquila, en calma. Me dolía pero no me desgarraba por dentro.

Todas estas reflexiones me ayudaron a estructurar y a comprender no solo mis sentimientos. También me permitieron comprender los de otras personas. Te dejo estas recomendaciones para que puedas manejarte en una situación de duelo. Espero que te ayuden.

«Tips» que pueden ayudar 🖘

En edades tempranas

Al ayudar a un niño o una niña a afrontar un duelo de forma adecuada le estamos transmitiendo capacidades importantes que, antes o después, le servirán en su vida adulta. No podremos evitar que lamenten el fallecimiento, pero será mejor si esto ocurre en compañía, comprendiendo lo que ha ocurrido y contando con apoyo. La comprensión de la muerte va a estar condicionada por la edad y por las actitudes y valores familiares, así como su nivel de maduración y su capacidad de comprensión. Los niños y niñas necesitan comprender que la muerte nos sucede a todos, que no se puede evitar y que es para siempre. Generalmente con menos de dos años no la reconocen y la viven como una separación y cambio que les puede provocar inquietud y angustia. Observan la pena a través de quienes les rodean. Por ello, es importante mantener las rutinas, acompañarlos y asegurarles amor y cuidados. A partir de los 2 años necesitan que se les comunique de manera sencilla y clara lo ocurrido. Hay que cuidar las palabras, pues las pueden tomar al pie de la letra. Es importante que no se les excluya y que se les permita participar de la vida familiar. Pueden tener miedo al abandono o a perder a más personas importantes, por ello hay que tranquilizarlos en este sentido. Vamos a ayudarlos a exteriorizar y liberar sus sentimientos y responder a las preguntas que necesiten.

Los pequeños pueden sentirse culpables por considerar que han podido causar la muerte con algún pensamiento o al portarse mal, por lo que será de ayuda explicarles la causa de la muerte de una manera comprensible. En ocasiones, pueden aparentar que sus vidas no han cambiado y que no sienten nada y, después, reaccionar con irritabilidad, rabia o conductas violentas. Esto puede ser una forma de expresión de su tristeza. Necesitarán que se les trate con paciencia asegurándoles que se estará a su lado. La mayoría de los niños y niñas superan el duelo sin grandes complicaciones y se adaptan de manera adecuada a la nueva situación. Tendremos que mantener la atención sobre sus necesidades especiales y buscar ayuda profesional si observamos dificultades.

Personas adultas: ¿cómo ayudarlas?

- Buscar y aceptar el apoyo de otras personas. Salir de uno mismo y escuchar a otros ayuda. Por ello, les alentamos a expresar lo que sienten e identificar los sentimientos, para adaptarse mejor.

- Darse permiso para estar en duelo. A pesar de que quieran distraerse demasiado para evitar el dolor, les avisamos de que, al final, este saldrá en otro momento.
- Recordar los recuerdos agradables y desagradables. Puede ser de ayuda hablar acerca de la persona fallecida, cómo era durante su vida, tanto como discutir los sucesos de la muerte misma.
- Aplazar las decisiones importantes. A veces, en el proceso de duelo, la mente se nubla y no se piensa con claridad. Se pueden tomar decisiones buscando evitar el dolor que más tarde podrían lamentarse.
- El duelo puede durar teóricamente entre 1 y 3 años. El trabajo de duelo requiere tiempo y paciencia y no puede hacerse en un plazo de tiempo fijo. Ayúdales a que se tomen el tiempo que necesiten.
- Durante el duelo somos más susceptibles a sufrir enfermedades. Si se padece alguna enfermedad crónica es conveniente no abandonar los cuidados habituales ni los tratamientos. Recuérdales que no tienen que descuidar la salud, pero tampoco deben automedicarse «para no sentir», esto puede contribuir a cronificar el duelo. Si lo necesitan, hay que acudir al médico.
- La apatía y la fatiga pueden hacer difíciles las tareas cotidianas, pero estas son un paso necesario para seguir adelante. Tienen que volver a afrontar la rutina, a su ritmo, pero hacerlo. Les puede venir bien hacer una lista de actividades.
- Darse permiso para descansar, disfrutar y divertirse.
- Leer e informarse sobre todo lo relacionado con el duelo puede ayudar a reconocer los propios sentimientos y revisar la propia visión de la vida y la muerte.

Personas de edad avanzada:

Las personas de más edad tienen unas características diferentes a la hora de afrontar el duelo debido a su situación vital, social y cultural. Ellos acumulan múltiples pérdidas, como el trabajo, el ambiente familiar o la energía física entre otras, que pueden hacer que se sientan desbordados. Además, el aumento de fallecimientos entre amistades y familiares puede provocar sentimientos de desarraigo, muchos creen que es más difícil establecer lazos sociales y encontrar nuevas amistades.

Así mismo, cuando fallece uno de los cónyuges en matrimonios mayores de larga duración existe mayor dificultad de reajuste porque suelen ser muy dependientes de la pareja.

La muerte de personas cercanas y de la misma generación puede despertar la conciencia de la propia muerte y generar ansiedad existencial. El proceso de duelo puede tener un impacto en la salud de la persona anciana, provocando cambios físicos durante las primeras semanas. Son habituales los sentimientos de soledad y la necesidad de ajuste de roles como: asumir nuevas tareas o dejar de hacer otras. Pueden sufrir un «choque generacional» entre las recomendaciones actuales de vivencias de duelos y las creencias, actitudes y patrones culturales ante la muerte y el dolor en las que fueron educadas.

Podemos ayudarles:

- Si lo desean o lo necesitan, hay que permitirles asistir a los ritos fúnebres.
- Darles espacios para hablar de la muerte como un hecho natural y normalizarlo para aceptarlo.
- Abrázalas, toma su mano cuando necesiten contacto físico o proximidad, de manera que se sientan arropadas.
- Ayúdalas a recordar vivencias, esto se produce de forma natural, es algo común en personas ancianas. La revisión de vida tiene una función adaptativa y contribuye a resolver conflictos no resueltos y a mantener la identidad personal.
- Permanecer en la casa donde ha vivido siempre da una sensación de control personal y ofrece un escenario para recordar al ser querido; muchos no se quieren cambiar de casa.
- Anímales y enséñales a que aprendan y desarrollen habilidades que potencien su autoestima e independencia.

Cuida tus palabras

Ya hemos visto que, en situaciones traumáticas, muchas personas no saben qué hacer o decir, pues no han desarrollado las habilidades necesarias para superarlo y la sociedad en la que vivimos tampoco es que nos ayude mucho a ver la muerte como algo natural e inevitable. Por ello quiero enseñarte estos *tips*, quizás te vengan bien para superar satisfactoriamente alguno de esos momentos por los que todos pasamos y seguro que vamos a experimentar.

Palabras que ayudan en el duelo:

- «Siento mucho lo que estás pasando.»
- «No tengo palabras para expresar lo que siento.»
- «He pensado en ti todos estos días.»
- «Aquí tienes mi teléfono; llámame si necesitas hablar con alguien. Si no me llamas, ¿puedo llamarte yo?»
- «¿Puedo pasar a verte dentro de unos días?»
- «Seguro que le echaréis mucho de menos.»
- «No puedo imaginar por lo que estás pasando.»
- «¿Quieres salir a tomar algo?»
- «Cuenta conmigo para lo que necesites, también para hablar si quieres, o para distraerte. Lo que te vaya mejor.»
- «Ten por seguro que estaré a tu lado.»
- «Recuerda que somos muchos los que pensamos en ti.»
- «La gente no se imagina lo difícil que puede ser.»
- «Cuando intento pensarlo, no puedo imaginar lo terrible que debe ser para ti.»
- «Sé que cada día es un esfuerzo, ¿verdad?»
- «Debe ser muy cansado vivir con este dolor cada día.»
- «¿Cómo te sientes? ¿Tienes ganas de hablar?»
- «¿Te apetece hablar de cómo ha sido?»
- «Aunque ha pasado un tiempo, sé que sigue siendo muy difícil, ¿verdad?»
- «¿Prefieres estar solo o quieres que te haga compañía?»
- «¿Puedo hacer algo por ti, cocinar, algún recado?»
- «¿Puedo avisar a nuestros amigos para que contacten contigo?»
- «Me gustaría estar un momento contigo, si quieres en silencio o, si tienes ganas, hablamos.»

Palabras que ayudan cuando la muerte ha sido por suicidio:

- «Siento mucho lo que estáis pasando.»
- «Estamos con vosotros para todo lo que necesitéis.»
- «Seguramente, estaba sufriendo mucho. Cuánto lo siento.»
- «Seguro que a la gente le cuesta entender por lo que estáis pasando.»
- «Pienso en vosotros cada día. Contad conmigo para lo que necesitéis.»

- «Si necesitas hablar con alguien, recuerda que estoy a tu lado para lo que necesites.»
- «A veces, estas situaciones nos hacen sentir culpables o enfadados. Recuerda que estoy contigo por si quieres hablar.»

Palabras que ayudan en caso de pérdida perinatal:

- «Imagino que lo esperabais con mucha ilusión.»
- «Siento mucho que tengáis que pasar por esto.»
- «La pérdida de un hijo siempre es devastadora, da igual el tiempo que haya estado con nosotros.»
- «Seguro que a la gente le cuesta entender lo que estáis pasando.»
- «¿Qué nombre le habíais puesto? ¿Queréis recordarlo/a con ese nombre?»
- «¿Qué habías imaginado para él/ella?»
- «¿Cómo pensáis recordarlo/a?»
- «Siempre recordaré lo que os ha pasado.»

Palabras que ayudan a personas creyentes:

- «¿Hay alguna creencia que te ayuda?»
- «¿Cómo crees que te ayuda ahora?»
- «Para los creyentes es natural sentirse enfadados con Dios.»
- «Podemos ser creyentes y sentir mucho dolor y tristeza, ¿verdad?»
- «Es natural sentirse abandonado por Dios en momentos así.»
- «A veces, el dolor hace que nuestra fe se tambalee. ¿Quieres hablar de eso?»

Palabras que NO ayudan:

- «Ahora tienes que ser fuerte.»
- «Intenta distraerte.»
- «Ya verás como el tiempo lo cura todo.»
- «Ahora ya no sufre.»
- «Esto te hará más fuerte.»
- «Ahora podrás ayudar a otros padres.»
- «Seguro que lo superarás.»
- «Eres joven. ¡Seguro que te recuperarás! Puedes volver a casarte/ tener hijos.»
- «Tienes que recordar las cosas buenas.»
- «No llores, que te hace daño/que nada te lo devolverá/que te torturas...»

- «Vuelve al trabajo enseguida, te distraerá.»
- «Estar enfadado no te lo devolverá.»
- «Ahora lo que tienes que hacer es estar ocupado/a.»
- «Las cosas pasan porque tienen que pasar.»
- «Esto te hará ser mejor persona.»
- «Los niños son pequeños, no se acordarán de nada.»
- «¡Solo erais amigos!»
- «Suerte que todavía…»
- «Sé cómo te sientes. Mi... murió hace…»
- «El primer año es el peor.»
- «Es la vida, ¡todos tenemos que morir!»
- «Y eso que ahora tus hijos son mayores; imagínate si…»
- «Recuerda que hay personas que están peor.»
- «Suerte que tienes más hijos; los padres que solo tienen uno, imagínate.»
- «Piensa en tus otros hijos.»
- «Piensa que ha tenido una vida plena.»
- «Ya es hora de que sigas adelante.»
- «Conozco a una persona que le pasó lo mismo y…»
- «Pero ten en cuenta que pudiste estar a su lado.»
- «Ya había cumplido con su papel en la vida.»
- «A él/ella no le gustaría verte así.»
- «Intenta animarte.»
- «No puedes estar así siempre.»
- «Lo que tienes que hacer es…»
- «Llámame si necesitas algo.»
- «Dios lo ha querido así.»
- «El tiempo lo cura todo.»
- «Sé cómo te sientes.»
- «Mientras hay vida, hay esperanza.»
- «Ahora descansáis los dos.»
- «Suerte que tienes hijos y te ayudarán.»

Preguntas que NUNCA debes hacer:

- «¿De qué ha muerto?»
- «¿Cuántos años tenía?»

Palabras que NO ayudan en la pérdida perinatal:

- «Mejor ahora que más adelante.»

- «Bueno, sois jóvenes.»
- «Mejor que hagáis como si no hubiese pasado.»
- «Te hemos sacado las cosas de casa para que no pienses en eso.»
- «Lo que tienes que hacer es quedarte embarazada enseguida.»

Palabras que NO ayudan en el suicidio:

- «¿Tomaba drogas?»
- «Lo ha querido así.»
- «¿Cómo se ha suicidado?»
- «¿Y no pudisteis hacer nada?»
- «¿Tenía depresión?»
- «¿No se medicaba?»

Palabras que NO ayudan respecto a las creencias:

- «¿Murió con los sacramentos?»
- «Ahora tienes que pensar que se lo/la ha llevado un ángel.»
- «Ha sido la voluntad de Dios, resígnate.»
- «Dios no nos da nada que no podamos asimilar.»
- «Dios lo quería con él.»
- «Ahora, en el cielo, estará mejor.»
- «Dios se lleva a los preferidos, a los mejores.»
- «Ahora tienes que pensar que está en el cielo.»
- «Dios debía tener una razón para llevárselo.»
- «Esto reforzará tu fe.»
- «Dios ha puesto tu fe a prueba.»

Palabras que NO ayudan cuando la persona en duelo es mayor:

- «Mejor no decírselo… Total, no se entera de nada.»
- «Mejor no decírselo… Que no sufra.»
- «Ya tendría que estar acostumbrado/a.»
- «Mejor que no vaya al funeral.»

Palabras que NO ayudan cuando la persona que fallece es mayor:

- «Ya le tocaba.»
- «Era su momento.»
- «Ha tenido una buena vida.»
- «Era su hora.»

Si estás en duelo, no descuides

Todos vivimos duelos o los vamos a vivir. Algo común es que, ante el dolor, nos olvidamos de nosotros mismos o pensamos que no merece la pena continuar después de haber perdido lo que sea o a quien sea. Nos desatendemos y nos abandonamos sin importar lo que ha de venir ni las consecuencias de esta dejadez. Sin embargo, debemos cuidarnos. Cuidarme es responsabilizarme del impacto del duelo en las diferentes dimensiones de mi vida como son:

La parte física

- Desacelera tu ritmo.
- Busca tu equilibrio entre concederte permiso para descansar cuando lo necesites y abandonarte al malestar.
- Programa tu agenda con tiempo para ti y para los demás. ¿Qué vas a hacer cada día?
- Haz ejercicio regularmente. Es un antidepresivo natural pues segregas endorfinas y serotonina.
- Pásate a una buena dieta, evita el exceso en grasas, fritos, alcohol.
- Respeta tus horas de sueño.
- Cuida tus hábitos: deja de fumar.
- Mantente en contacto con la naturaleza.

La parte emocional-relacional

- Haz una lista de amigos para emergencias y coméntales qué es lo que te ayuda y qué no.
- Habla con tus compañeros de trabajo de lo sucedido, adviérteles que tendrás días buenos y días malos, diles lo que te puede ayudar y lo que no.
- Dedica un tiempo a estar solo.
- No te aísles, cuida tus relaciones.
- Pide ayuda si te sientes abandonado.
- Busca un grupo de apoyo.
- Crea un espacio de recuerdo en tu hogar.
- Recuerda que hay otras personas que le querían.
- Escribe un diario.

La parte intelectual-mental

- No te exijas demasiado.
- Evita todo aquello que contamine tu mente.
- Haz una lista de objetivos a corto plazo (esthervaras.com/maquebo).
- No tomes decisiones importantes, puede ser una huida emocional.
- ¿Qué vas a hacer con los objetos? ¿Guardarlos o deshacerte de ellos? Cuando los objetos nos ayudan a sentirnos conectados con lo perdido y a expresar los sentimientos de añoranza, están contribuyendo a elaborar el duelo, pero si guardarlos es una forma de no aceptar lo ocurrido o de negar la realidad, esto no te ayuda a elaborar y avanzar en el duelo. Concédete un tiempo para ver qué guardas y qué regalas o tiras y hazlo.
- Lee sobre pérdidas y duelo. En la bibliografía puedes encontrar orientación.
- Haz una lista de las cosas positivas de tu vida.
- Da sentido a tu pérdida, para ello te puede ayudar:
  - Buscar cosas que nutran tu espíritu (que te hagan estar bien).
  - Practicar el silencio o la contemplación. Esto nos ayuda a templar nuestros sentimientos cambiando la perspectiva.
  - Crear un espacio sagrado en casa, o de recuerdo, para expresar el dolor.
  - Rituales y ceremonias. Los rituales facilitan la expresión de aquello para lo que no tenemos palabras. El ritual debe ser estructurado, con un principio y un final claro, ya que marca el tiempo de recordar, el de prestar atención y centrarse en la vida y en los que quedan.
  - Realizar algún servicio desinteresado a la comunidad. El contacto con el dolor ajeno puede ayudarnos a comparar.
  - Explorar el significado profundo de la pérdida. Para algunos es un trabajo mental de revisión de la propia vida, de la búsqueda de creencias y de valores que nos sostengan y faciliten la incorporación de esa realidad. Para otros es un trabajo más emocional, es una apertura del corazón a toda resistencia, un dejarse ir sin explicaciones, sin un para qué, una aceptación incondicional de lo inevitable y de lo que forma parte indisoluble de la experiencia de la vida.

La parte existencial-espiritual

- Busca aquello que te nutra espiritualmente.
- Haz actividades creativas: arte, música, escritura.
- Practica el silencio regularmente.
- Crea un espacio sagrado en tu hogar.
- Invéntate un ritual que te ayude a expresar tus esperanzas.
- Haz algún servicio gratuito en tu comunidad.
- Explora el sentido profundo de tu pérdida.
- Practica la contemplación, la meditación, el yoga mental.

Epílogo

Cuando empecé a ejercer hace más de veinte años. Estaba muy emocionada con la idea de poder ayudar a los demás a liberar estrés, a aceptarse, a modificar pensamientos negativos, conductas desadaptadas, hábitos. Sonaba todo muy interesante. Pasaron varios años, mi vida cambiaba y también el tema de la consulta. La mayoría de las personas que acudían a mí habían sufrido una o varias pérdidas causadas por diferentes motivos: suicidios, abusos infantiles, desamor, fallecimientos, enfermedades terminales o crónicas, depresión, somatizaciones por estrés. Entré en crisis porque yo quería ayudar a los demás y mi idea de ayuda era muy romántica, influida por un exceso de teoría en la Universidad y poca realidad. No había pensado en la parte menos amable de la vida y mucho menos en las pérdidas y el sufrimiento. Eran temas muy tristes y desoladores; además yo empatizaba con todos ellos y terminaba destrozada. Sus pérdidas las hacía mías y las sumaba a las que yo sufría.

Más adelante, el Colegio de la Psicología de Madrid me habilitó para la impartición del Curso de Duelo para Psicólogos y Profesionales, que casualmente no me atraía, pues me parecía muy triste. Por aquella época era el que menos docentes «expertos» tenía, así que decidí adaptarme a las circunstancias y cambiar mi punto de vista en lo referente al tratamiento del duelo, puesto que mi foco de trabajo no había cambiado: aliviar el dolor ajeno. Empecé a verlo como una ayuda muy importante para identificar, reconstruir y reorientar el mundo de las emociones, del pensamiento y del comportamiento humano. Me di cuenta de que una pérdida podía ser una ocasión para aprender a gestionar nuestras emociones y sentimientos y continuar adaptándonos a las nuevas realidades del día a día, lo cual no significa que el proceso no duela. Por supuesto duele, y mucho, pero también es una forma de darnos la oportunidad a nosotros mismos de reorganizarnos y de construir el mañana con lo que hemos aprendido de esa experiencia. Como parte de nuestra existencia siempre vamos a tener pérdidas; unas más esperadas que otras, unas evitables y otras inevitables, pero depende de nosotros si queremos aprender a gestionarlas o preferimos quedarnos en el dolor invitando así al sufrimiento.

En el año 2014 publiqué *Amar, perder, vivir*. Esta obra está dedicada en exclusiva a cómo afrontar las pérdidas. Desde entonces he continuado investigando para transformar los resultados de dichos estudios en ejercicios que puedan ayudarte a gestionar los sentimientos y emociones por los que pasamos cuando sufrimos una pérdida. Este es el motivo de este nuevo libro, reunir todo el material nuevo e instrumentalizarlo para que puedas gestionar tu duelo a tu ritmo.

Esta época plantea situaciones nuevas en las que podríamos sufrir más pérdidas inesperadas. Ojalá fuera portadora de buenas noticias pero no lo soy, no será la última vez que sucedan situaciones sorpresivas y me gustaría que estuviéramos más preparados. No aliento a tu miedo, solo digo que debemos aprender a aceptar que nuestra vida está llena de vida y por ello también está llena de pérdidas, pero también de ganancias que nos pueden ayudar a ser más fuertes, más resilientes y a aprender a vivir disfrutando de lo que tenemos y de lo que la madre naturaleza nos proporciona, porque «Enfocarte en lo que te duele, te causará sufrimiento. Enfocarte en la lección, te permitirá seguir creciendo», Dalai Lama.

Sigue creciendo y yo estaré a tu lado tendiéndote mi mano para ayudarte a superarlo y quizás no vuelvas a preguntarte «¿Por qué a mí?». Salud y buena vida.

.

 **Fuentes**

Bibliografía

AGUADO ROMO, R., *Es emocionante saber emocionarse,* GIUNTIEOS Psychometrics S.L., 2016.

BUCAY, J., *Todo no terminó,* Editorial Integral, 2004.

BUCAY, J., *El camino de las lágrimas,* Editorial Integral, 2014.

EGIDO, A. M.ª, *Duelo y resiliencia,* Anaya Multimedia, 2019.

GROLLMAN, E. A., *Vivir cuando un ser querido ha muerto,* Barcelona, Ediciones 29, 1986.

HERASO, I., *Viajeros en tránsito,* Editorial Fundación Internacional del Dolor, 2015.

GREENBERG, L. S., *Trabajar con las emociones en psicoterapia,* Ediciones Paidós, 1999.

GREENBERG, L. S., *Emociones. Una guía interna,* Desclée De Brouwer, 2008.

PAYA PUIGARNAU, A., *El mensaje de las lágrimas,* Ediciones Paidós, 2014.

RICARD, M., *En defensa de la felicidad,* Editorial Urano, 2011.

NEIMEYER, R. A., *Aprender de la pérdida,* Barcelona, Ediciones Paidós, 2002.

NOMEN, L., *El duelo y la muerte, El tratamiento de la pérdida,* Madrid, Pirámide, 2007.

NOMEN, L., Coord., *Tratando el proceso de duelo y de morir*, Madrid, Pirámide, 2008.

ONOFRI, A. y LAROSA, C., *El duelo: Psicoterapia cognitivo-evolucionista y EMDR*, Ediciones Pléyades, S.A., 2019.

PANGRAZZI, A., *La pérdida de un ser querido*, Madrid, San Pablo, 1993.

KUBLER-ROSS, E., *La muerte: un amanecer*, Barcelona, Luciérnaga, 1989.

Sobre la muerte y los moribundos, Barcelona, Grijalbo, 1989.

VARAS DOVAL, E., *Cielos, me puedo relajar!!!*, Editorial Atanor, 2011.

Ama, Perdona y Olvida, México, Ediciones B, 2011.

Sobrevive al duelo, México, Ediciones B, 2013.

Amar, perder, vivir, Barcelona, Luciérnaga, 2014.

WAYS, B., *Muchos cuerpos y una sola alma*, Editorial Vergas, 2005.

WORDEN, J.W., *El tratamiento del duelo: asesoramiento psicológico y terapia*, Buenos Aires, Paidós Ibérica, 1997.

Libros que pueden ayudar a niñas y niños:

BAUM, H., *¿Está la abuelita en el cielo? Cómo tratar la muerte y la tristeza*, Barcelona, Oniro, 2003.

HUISMAN-PERRIN, E., *La muerte explicada a mi hija*, Barcelona, Aleph Editores, 2003.

JAMES, J.W., FRIEDMAN, R., y LANDON MATTHEWS L., *Cuando los niños sufren*, Madrid, Los Libros del Comienzo, 2002.

KROEN, W. C., *Cómo ayudar a los niños a afrontar la pérdida de un ser querido*, Barcelona, Ediciones Oniro, 2002.

TURNER, M., *Cómo hablar con niños y jóvenes sobre la muerte y el duelo*, Barcelona, Paidós, 2004.

WOLFELT, A., *Consejos para niños ante el significado de la muerte*, Barcelona, Diagonal, 2001.

Consejos para jóvenes ante el significado de la muerte, Barcelona, Diagonal, 2001.

Filmografía

Lewin, B., *The Sessions* (*Las Sesiones*).

Shelton, R., *Cobb*.

Amenábar, A., *Regresión*.

Kholberg, J., *The Music Never Stopped* (*La música nunca dejó de sonar*).

Eastwood, C., *Changeling* (*El intercambio*).

Falardeau, P., *Monsieur Lazhar* (*El profesor Lazhar*).

Arcand, D., *Les invasions barbares* (*Las invasiones bárbaras*).

Stone, O., *Born on the Fourth of July* (*Nacido el 4 de julio*).

Sheridan, J., *My Left Foot* (*Mi pie izquierdo*).

Nakache, O. y Toledano, E., *Intouchables* (*Intocable*).

Trumbo, D., *Johnny Got His Gun* (*Johnny cogió su fusil*).

Schnabel, J., *Le scaphandre et le papillon* (*La escafandra y la mariposa*).

Nelson, J., *I Am Sam* (*Yo soy Sam*).

Audiard, J., *De rouille et d'os (Rust & Bone)* (*De óxido y hueso*).

Tavernier, N., *De toutes nos forces (L'épreuve d'une vie)* (*Con todas nuestras fuerzas*).

Moretti, N., *La stanza del figlio* (*La habitación del hijo*).

Takita, Y., *Okuribito (Departures)* (*Despedidas*).

LaGravenese R., *P.S., I Love You* (*Posdata: te quiero*).

Ghaywan, N., *Masaan* (*Fly Away Solo*).

Davis, G., *Lion*.

Loach, K., *I, Daniel Blake* (*Yo, Daniel Blake*).

Frankel, D., *Collateral Beauty* (*Belleza Oculta*).

Kawase, N., An (*Una pastelería de Tokio*).

Frears, S., *Philomena*.

Johar, H., My Name Is Khan (*Mi nombre es Khan*).

Barras, C., *Ma Vie De Courgette* (*La vida de Calabacín*).

Gay, C., *Truman*.

Shinkai, M., *Kotonoha no Niwa* (*The Garden of Words*) (*El jardín de las palabras*).

Van Sant, G., *Don't Worry, He Won't Get Far on Foot* (*No te preocupes, no irá lejos*).

Hanks, T., *Larry Crowne*.

Crowley, J., *The Goldfinch* (*El jilguero*).

Hamilton, A. y Jenkin, G., *What We Did on Our Holiday,* (*Nuestro último verano en Escocia*).

Link, C., *Nirgendwo in Afrika* (*En un lugar de África*).